가장 공적인 연애사

가장 공적인 연애사
당신을 사랑하기까지 30만 년의 역사

초판 1쇄 발행 2021년 10월 25일

지은이 | 오후
펴낸곳 | (주)태학사
등록 | 제406-2020-000008호
주소 | 경기도 파주시 광인사길 217
전화 | 031-955-7580
전송 | 031-955-0910
전자우편 | thspub@daum.net
홈페이지 | www.thaehaksa.com

편집 | 조윤형 여미숙 김선정
디자인 | 한지아 이보아
마케팅 | 김일신
경영지원 | 정충만

ⓒ 오후, 2021, Printed in Korea.

값 16,500원
ISBN 979-11-6810-014-5 03300

도서출판 날은 (주)태학사의 인문·에세이 브랜드입니다.

책임편집 여미숙
북디자인 한지아

가장 공적인 연애사

당신을 사랑하기까지
30만 년의 역사

오후 지음

날

"사랑은 늘 자신을 속이면서 시작하고,
남을 속이면서 끝난다.
세상은 그걸 연애라 부른다."

-오스카 와일드 《도리언 그레이의 초상》에서

일러두기

• 잡지, 책명은《》로, 작품명이나 논문 등은〈 〉로 표기했습니다. 국내에서 번역된 책은 번역된 제목을 따랐습니다.

• 본문에 혹시라도 저작권이 있는 사진이 쓰였다면 확인되는 대로 정해진 절차에 따라 이용료를 지불하겠습니다.

연애는 원래
어렵다

아마 이 책을 집은 대부분 사람은 '짚신도 짝이 있다는데 내 짝은 대체 어디에 있는가'라며 한숨을 쉬고 있을지도 모르겠다. 혹은 짝은 있지만 그 짝이 그다지 만족스럽지 않거나 나아가서 '남성 생식기 같은 아이'라 한숨을 쉴지도 모른다. 물론 누군가는 뜨겁고 만족스런 연애를 하고 있겠지만, 그런 사람은 어차피 이 책을 읽지 않을 것이다. 정말 열렬한 사랑을 하면 책 따위를 읽을 틈이 없을 테니까.

우리는 평생 사랑에 실패하거나 혹은 시도조차 하지 못하면서, 그 이유를 고민하며 시간을 보낸다. 고민이 극한까지 치달아 스스로 목숨을 끊는 이도 있고, 나처럼 소소하게 책을 쓰는 이도 있다. 먼저 그런 우리의 지질함에(나의 지질함에) 단세포적인 위로를 전할까 한다. 아니, 이건 정말 단세포에 관한 이야기다.

사람들은 흔히 번식을 하려고 성이 분화됐다고 생각한다. 서로를 유혹해서 더 많이 관계를 갖고 자신의 씨를 퍼트려 더 좋은 유전자를 남기면서 진화해 왔다고들 말한다. 하지만 성이 분화된 것은 정반대의 이유에서였을 수도 있다.

멀고 먼 과거로 거슬러 올라가서 생명체가 하나의 세포일 때를 상상해 보자. 세균 비슷한 걸 떠올리면 된다. 세균은 시간 단위로 자기 복제를 한다. 대장균을 예로 들면 20분에 한 번꼴로 분화하는데 하룻밤이 지나면 수백억 개가 된다.

초기 생물들은 마치 세균처럼 자기 복제를 했다. 이를 무성생식이라 한다. 하지만 여기엔 문제가 있으니, 생명체가 너무 빨리 늘어나 환경이 파괴된다는 것이다. 과한 번식이 오히려 집단 전체를 위험에 빠뜨린다. 대장균만큼은 아니더라도 무성생식을 하는 생명체는 보통 번식이 빠르다. 당신이 성욕을 느껴 스스로 위로할 때마다 아이가 생긴다고 상상해 보라.

그래서 생명체는 이 무분별한 증식을 막기 위해 방법을 찾아야 했고, 그 해답이 바로 유성생식이다. 짝을 찾는 동안은 번식을 하지 못하는 것이다. 일례로 일부 소형 갑각류나 단세포 생물은 살기 좋은 환경에서는 종자를 많이 빠르게 퍼트릴 수 있는 무성생식을 하지만, 개체 수가 늘어나 환경이 척박해지면 갑자기 유성생식으로 바꿔 번식을 어렵게 만든다.

이런 사례들이 재미있는 이유는 성이 번식을 촉진하기 위해서가 아니라 제한하려고 탄생했음을 보여 주기 때문이다. 이렇게 보면 우리가 짝을 쉽게 찾을 수 없는 건 당연한 일이다. 인류가 정말 에덴동산을 떠났다면 그 시점은 선악과를 따 먹었을 때가 아니라, 10억 년 전 생명체가 최초로 유성생식을 하게 됐을 때가 아닐까. 그때부터 짝을 찾기 위한 우리의 고뇌와 고난은 예정되어 있었다.

플라톤의 《향연》에서 아리스토파네스는 에로스의 기원을 이렇게 설명한다(내가 정리한 썰임을 감안하고 읽어 주시길).

원래 인간은 완벽한 존재였다. 운명의 짝과 붙어 있어 팔이 네 개, 다리가 네 개였다. 커플은 남녀이기도 남남이기도 여여이기도 했다. 머리 하나에 얼굴이 앞뒤로 붙어 있어 모든 곳을 볼 수 있었고, 두 개의 심장과 강인한 체력을 지녀 지상의 그 누구도 상대가 되지 않았다. 하지만 그 결과 인간은 교만해졌고, 신들에게 제사도 지내지 않게 된다. 결국 분노한 제우스가 번개를 내리쳐 그들을 반으로 갈라놓아 약하게 만든다. 이 시대에는 제대로 된 거울이 없었을 테니 서로 등을 대고 있던 파트너는 뒷사람의 얼굴을 알지 못한 채 헤어졌다. 이후 인간은 자신의 반쪽을 찾아 평생을 헤매는 외롭고 공허한 존재가 되었다. 짝을 찾아도 그가 원래의 짝인지 알 수 없는 인간은 연애를 갈망하고 갈망하고 갈망하고 또 갈망했다.

플라톤이 단세포를 알아서 이런 우화를 지어 낸 것은 아니겠지만, 어쨌든 그렇다. 물론 당신은 이 말에 전혀 위로가 안 되겠지만, 개체 수가 너무 늘어난 인간은 어쩌면 번식 활동을 하지 않

는 것이 바람직할지도 모르겠다. 당신의 불행이 다른 생명체에게
는 행복…… 물론 여러분은 자녀 출산과 무관하게 연애는 하고
싶겠지만 말이다.

아무튼 연애란 '번식 좀 그만하라'는 자연의 준엄한 명령을
어기고 서로를 유혹해 파트너를 만들어 내는 행위다. 그러니 그
과정이 쉬울 리 있겠나.

6장. 현대 사회:
케이크가 섹스보다 더 달콤한 사람들

7장. 미래의 연애

원래 이 책 맨 앞에는 100페이지 분량의 한 개 챕터가 더 있었다.

　주 내용은 '성선택(수컷이 암컷에게 잘 보이려고 애쓰다가 진화가 일어났

다는 이론)'에 관한 것들이다. 나는 이론 자체보다 성선택으로 인

해 생긴 현상들, 이를테면 예술품으로 짝을 유혹하는 동물이나,

암컷이 좋아한다는 단 하나의 이유만으로 멸종을 향해 달려가

는 로맨틱한 동물 같은 사례를 통해, 연애가 우리의 신체와 뇌를

어떻게 변화시켜 왔는지에 대해서 쓸데없으면서도 디테일한 이

야기를 하고 싶었다. 그리고 이를 토대로 문명 이후 사회가 인간

의 욕망을 어떤 식으로 변화시켜 왔는지를 보여 주고 싶었다. 그

러니까 처음 계획은 1장 진화 과정에서의 연애, 2장은 문명 탄생

이후부터 근대까지의 연애, 3장은 현대 사회에 나타난 연애의 모

습을 다루는 것이었다.

　하지만 나의 욕망은 출판사의 만류로 좌절되었다. '1장 폐기

론'이 제기된 것이다. 지루하다는 것이 가장 큰 이유였고(물론 나는 인정하지 않는다), 성선택과 진화심리학이 여성 독자들에게 다소 불편할 수 있다는 점, 2장부터는 인문학인데 왜 여기만 과학? 등의 이견이 나왔고, 요즘 책 치고는 너무 두꺼운 거 아니냐는 단순하지만 결정적인 문제도 제기됐다. 결국 약간의 알력 끝에 나는 1장에 조의를 표할 수밖에 없었다.

1장을 덜어 내면서 양호해지긴 했지만, 이 책에는 이성애 남성 중심의 낡은 이론이 많이 등장한다. 과거 학자들은 대부분 백인 이성애자 남성이었으므로 의도했든 아니든 그들의 학문에는 편견이 새겨져 있다. 또한 연애의 습성을 이야기하기 위해 진화심리학을 종종 차용하는데, 진화심리학은 학문 특성상 가정에 가정을 더하는 경우가 많다. 당연히 학문이니 실험이나 증거를 제시하지만, 그 실험 자체가 잘못 설계되었거나 증거가 허술한 경우도 많다. 무엇보다 사람들은 의미를 갖다 붙이기를 좋아하기 때문에 같은 실험이라도 시대에 따라 연구자에 따라 제멋대로 해석한다. 그럼에도 나는 그런 실험 결과를 가져와 내 의견을 덧붙인 뒤 가정형도 아니고 확정형으로 글을 썼다. 왜냐면 논란이 될 만한 내용을 모두 제거하면 우리의 이 복잡한 연애에 대해서 할 말이 거의 없기 때문이다.

만약 당신이 성소수자이거나 이분법적 성 구별에 반대하는 사람 혹은 섹스와 출산만 중요시하는 가부장적 이성애를 반대하는 사람, 그냥 다 필요 없고 연애조차 하지 않는 사람이라면 이 책의 관점이 매우 편협해 보일 수 있다. 하지만 그렇다고 해서 책을 덮을 필요는 전혀 없다. 왜냐면 원래 연애란 남의 이야기가 더 재미있는 법이니까.

그럼 부디 이 편협한 이성애 커플의 '동물의 왕국'을 즐겁게 구경하시길.

PS. 삭제된 내용이 궁금하신 분은 todayohoo@gmail.com으로 구매 인증(영수증, 구매 내역 등)을 해 주시라. 어디서도 보지 못한 날것의 원고를 보내 드린다. 일부 내용이 삭제된 건 저자로서 안타깝지만, 구매한 분들에게 하나 더 챙겨 줄 수 있다는 건 즐거운 일이다. 그러니 여러분, 책은 꼭 사서 보세요.

1장. 원시 사회:
막 했겠지 하는 오해

"섹스는 자연의 일부다.
나는 자연에 동의한다."

-미국 배우 마릴린 먼로

모수오족,
바리족 이야기

사람들은 자신이 살아가는 시대를 너무 높게 평가한 나머지 과거 사람들은 마치 자연 그대로 살았던 것마냥 착각하는 경향이 있다. 하지만 인류는 등장 이후 단 한번도 자연스럽게 살았던 적이 없다. 사실 인간의 손이 닿는 순간부터 모든 행위는 인위적인 것이 된다.

지금부터는 인류가 사회와 문명을 만든 이후 연애와 성문화가 어떻게 변해 왔는지를 살필 것이다. 사회는 인간의 본능을 억압하고 때로는 꽃피우면서 어느 동물에서도 찾아볼 수 없는 독특한 성문화를 만들어 냈다.

문명인이 상상한 자연의 성

인류학자 루이스 모건(Lewis Morgan, 1818~1881)은 원시 시대의 인류가 무규율 성교를 했을 것이라 추정한다. 무규율 성교란 말 그 대로 성행위에 규칙이 없다는 뜻이다. 이 시기에는 형제자매, 부모와 자식 간의 성교도 자연스럽게 이루어졌으며, 부부관계 같은 것은 존재하지 않았다. 관계는 즉흥적이었고 질투라는 감정도 없었다. 인류에게 무규율 성교 시기가 존재했는지에 대해서는 의견이 분분하다. 일부 학자들은 원시 시대부터 인간이 나름의 규칙을 가지고 일부일처제에 가까운 삶의 형태를 유지했을 것이라 주장한다. 다만 이 챕터에서는 인류가 현재 사회를 구성하기까지의 과정을 추론한 것이므로 그런가 보다 하고 넘어가자.

무규율 성교 시기를 지나면 근친 간의 성교를 배제하는 흐름이 나타난다. 처음에는 부모와 자식 사이의 성교가 금지되고, 이후에는 형제자매, 나아가서는 조카나 사촌 사이의 성교도 금지된다. 모두가 자유롭게 성교를 하던 시기에서, 다수의 남편과 다수의 아내를 두는 일종의 군혼이 대세가 된다. 남성들은 자신의 형제들과 여성을 공유했으며, 여성들은 자신의 자매들과 남성을 공유했다. 나름 공평해 보이지만 이런 구조 속에서도 누군가는 더 많은 인기를 누렸을 것이고, 그에 따라 당연히 질투라는 감정도 생겨난다. 하지만 여전히 관계는 자유로웠고 독점적 관계는 나타나지 않는다.

이 시기에는 모계를 중심으로 사회가 구성됐다. 아이의 아버지는 확실하지 않았지만, 낳아 준 어머니는 확실했다. 어머니를 기준으로 혼인이 가능한 촌수를 따지고, 어머니 혈통으로 유산을 상속했다(딱히 유산이라 할 것도 없었겠지만). 이런 사회에서는 남성도 자신의 부인이나 자식보다는 자신의 남매나 형제에게 더 많은 투자를 하게 된다. 그쪽이 더 분명한 자신의 가족이기 때문이다. 그래서 모계 사회에서는 여성이 권력을 잡았을 것이라고 주장하는 이들도 있는데, 모계 사회일 때도 권력은 여성이 아니라 어머니의 남자 형제들이 가지고 있었다. 다만 남성 간의 경쟁이 부계제만큼 치열하지 않았기에 가족이나 재산에 대한 독점력이 약했고, 그로 인해 상대적으로 평화로웠을 것으로 추정된다.

군혼 상태에서 일정 시간이 지나면, 메인 파트너가 생기는데 이를 대우혼이라고 한다. 일부일처제에 가깝지만 과도기적 상태로 독점이 강하진 않았다. 이때부터 우리가 생각하는 한 사람과의 연을 강조하는 정조 개념이 생긴다.

그런데 한번 생각해 보라. 원시 부족은 씨족 사회다. 근친상간이 금지되면 시간이 지날수록 부족 내에서는 만날 수 있는 상대가 줄어들게 되고, 언젠가는 모두가 친척이 되면서 새로운 관계가 전혀 불가능한 지경에 이른다. 이를 해결하기 위해서 부족은 다른 부족과 섞일 필요가 있었다. 그리고 이는 성년이 된 여성을 교환하는 방식으로 이루어졌다. 일종의 거래가 시작되는 것이다. 그리고 이 거래를 주도하는 것은 부족에 남아 있는 남성이 될 것이다. 그렇게 권력이 탄생한다.

그렇다면 가부장이 권력을 독점하는 일부일처 관계가 등장하기 전, 연애와 결혼은 어떤 모습이었을까? 과연 가부장적 일부일처제가 아닌 사회도 가능했을까? 가능하다면 어떤 모습이었을까? 지금까지 과거의 모습을 유지하고 있는 원시 부족의 사례를 통해 그 모습을 상상해 보자.

모수오족, 현존하는 모계 사회

중국 소수 민족인 모수오족은 지금까지도 철저한 모계 사회를 유지하고 있다. 집안의 가장 큰 어른은 외할머니이고, 아이는 어머니의 성을 따른다. 재산도 어머니에서 맏딸로 이어진다.

모수오족은 사랑이 지속되는 동안만 관계를 유지한다. 청춘 남녀가 마을 축제에서 마음에 드는 상대를 찾으면, 여자는 밤에 남자가 자신의 방에 들어올 수 있도록 대문이나 창문을 열어 놓는다. 남자가 찾아오면 둘은 사랑을 나누고 남자는 동이 틀 무렵에 집으로 돌아간다. 이렇게 한동안 밤에만 연애를 하는데 이를 '야사혼'이라 한다. 둘의 관계가 어느 정도 진전되면, 남자는 선물을 들고 여자 가족에게 인사를 간다. 그때부터 남자는 여자 가족들에게 인정받는 '아즈부(일종의 남편)'가 되어 낮에도 여자 집에 출입할 수 있게 된다.

모수오족 여성은 열세 살이 넘으면 야사혼을 치를 수 있다. 한 번 야사혼을 맺었다고 해서 의무가 생기는 것은 아니다. 마음이 변하면 밤에 문을 닫거나 남자의 짐을 넣은 가방을 문 앞에 걸어 둔다. 챙겨서 꺼지라는 뜻이다. 성향에 따라 하루에도 여러 명의 남자를 집으로 불러들이는 여성이 있는가 하면, 일평생 한 남성과 야사혼을 지속하는 여성도 있다. 모수오족에게는 부인과 남편의 개념이 없으며 아버지라는 호칭도 없다. 여성이 아이를 가져도 어차피 그 아이는 외할머니와 이모, 외삼촌이 책임진다. 그러니 아버지가 누군지 알 필요도 없다. 믿거나 말거나 모수오족 공동체에서는 경쟁, 질투, 분노, 탐욕, 폭력의 개념이 존재하지 않으며, 이를 나타내는 말도 없다고 한다.

《동방견문록》을 쓴 마르코 폴로(Marco Polo)는 자신의 여자가 다른 남자와 관계 맺는 것을 방관(?)하는 모수오족 남성들을 바보라고 비하했지만, 누가 바보고 현명한지는 고민해 볼 문제다.

내 자식, 네 자식 없는 바리족

베네수엘라 지역에 살던 바리족에게는 충격적인 문화가 하나 있었다. 여성이 임신을 하면 동네를 돌아다니며 최대한 많은 남성과 잠자리를 가지는 것이다. 지금 관점에서 보면 두 가지 금기를 어기는데 하나는 외도고, 또 하나는 임산부의 섹스다. 최근에는 임산부의 건강 유지나 심적 안정에 도움이 된다고 해서 임신 중 적절한 섹스를 권장하지만, 십여 년 전까지만 해도 임신 상태에서 섹스하는 건 남사스러운 일로 여기는 분위기가 있었다.

임신한 바리족 여성들이 열심히 남사스러운 일을 하고 돌아다닌 이유는 배 속의 아이가 관계를 맺은 남성들의 장점을 모두

네 아이 내 아이 구별 없이 부족의 아이를 함께 양육하는 바리족

물려받는다고 믿었기 때문이다. 그래서 싸움 잘하는 남자, 똑똑한 남자, 성격 좋은 남자를 두루 찾아다니며 관계를 맺었다. 그런데 찾아보면 장점 하나 없는 사람이 어디 있겠는가. 그러니 결국 그 여성은 부족 대부분의 남성과 관계를 가지게 된다.

야만적이고 변태적으로 보일 수 있지만, 유전자 개념을 명확히 모를 때는 충분히 할 수 있을 법한 생각이다. 정말로 장점을 물려받진 못했겠지만, 이 방식은 아이의 생존에 유리했을 것이다. 임신 중 관계를 맺은 남성은 아이의 대부가 되었는데, 이 때문에 아이는 많은 어른의 보호 아래 어린 시절에 살아남을 수 있었다. 근대 이전까지는 아이가 살아남아서 성인이 되는 것이 매우 어려운 일이었으니, 어머니가 얼마나 성실히 남자를 만나고 다녔는가가 아이의 생존에 직접적인 영향을 줬을 것이다.

또한 이런 방식은 부족 전체에도 유리하게 작용했다. 몇 세대

가장 공적인 연애사

만 지나면 구성원 전체는 비유가 아니라 실제적인 의미에서 한 가족이 되기 때문이다. 이런 친밀한 관계가 부족 전체를 단합시키고 생존에도 유리하게 작용했으리란 걸 우리는 쉽게 추측할 수 있다.

현생 인류는 30만 년 동안 존재하면서, 95퍼센트의 시간을 수렵과 채집을 하며 살았고, 이 기간 동안 지금과는 다른 자유로운 성관념을 가지고 있었다. 안타깝게도 과학은 낭만을 모르고, 유전자는 이기적이다. 하지만 나는 원시인들이 단순히 미개하거나 한 명의 아빠와 엄마에게서 유전인자를 물려받는다는 사실을 몰라서, 자유로운 성관념을 가졌다고 생각하지는 않는다. 이에 대해서는 흥미로운 기록이 남아 있다.

선교를 위해 캐나다 지역 나스카피 원주민과 함께 생활한 기독교 선교사는 그들의 자유로운 성문화를 보고 큰 충격을 받는다. 그는 걱정스럽게 원주민 남성에게 물었다.

"당신 부인에게 성적 자유를 허락하면, 부인의 아이가 당신 아이인지 어떻게 알죠?"

그는 웃으며 대답했다.

"당신들은 자기 아이만 사랑하지만, 우리는 부족의 모든 아이를 사랑하오."

멋지지 않은가? 이렇게 쿨하고 로맨틱하며 정치적으로도 올바른 답변이라니.

재산 지키려면
일부일처제지

모건은 야만 시대엔 군혼, 미개 시대엔 대우혼, 그리고 문명 시대에는 일부일처가 특징적인 가족 형태라고 분류했다. 일단 야만이나 미개라는 표현을 쓴 것 자체가 불편하지만 계속 따라가 보자. 나는 인간이 생리적으로 일부일처의 특성을 가지고 있고, 그렇기에 원시 시대에도 일부일처에 가까운 생활을 했을 거라고 추정한다. 물론 어디까지나 자녀 양육 등 필요에 의해 일시적인 기간 동안 이루어졌겠지만 말이다. 그리고 이 일부일처 관계에서 남녀는 평등했다. 인권의식이 탁월해서 의식적으로 평등한 것이 아니라 생존 과정에서 각자의 역할을 하며 자연스럽게 체득했을 것이다. 마치 동물의 암수가 서로 무신경하게 자신의 역할을 다하듯 말이다.

문제는 사유재산

우리가 흔히 말하는 일부일처는 가부장을 중심으로 남성이 여성을 평생 독점적으로 소유하는 형태다. 수능 공부를 열심히 한 사람들은 알겠지만 '평생', '절대', '무조건' 등의 표현이 들어가면 오답일 가능성이 높다. 평생은 불가능한 명제이기 때문에 전혀 자연스러운 것이 아니다. 그러니 대우혼에서 문명 시대의 독점적 일부일처제로 넘어가는 것에는 어떤 특별한 이유가 있었을 것이다.

모건의 논의를 이어받은 엥겔스(Friedrich Engels, 1820~1895)는 《가족, 사유재산, 국가의 기원》에서 이 특별한 이유를 '사유재산'이라 선언한다. 누가 원조 빨갱이 아니랄까 봐 시작부터 자본을 비난하고 있다. 왜 이런 결론에 이르게 되었는지 엥겔스의 논지를 따라가 보자.

농경이 시작되고 인류가 정착 생활을 시작하면서 재산이라는 개념이 생긴다. 과거에는 땅을 가질 필요가 없었다. 하지만 농사를 지으려면 내 땅이 있어야 한다. 그리고 농사를 지으려면 도구가 필요하다. 무엇보다 농산물은 필요하면 그때그때 수확하는 것이 아니다. 한번에 걷어서 긴 시간을 나눠서 사용해야 한다. 즉, 땅과 자원에 대한 소유 개념이 안 생길 수가 없다. 인간이란 모르고 살면 살 수 있지만, 아는데 참고 살지는 못한다. 결국 다른 사람들보다 더 많은 재화와 권력을 축적하려는 욕망이 생겨난다. 그러자 갑자기 결혼의 의미도 바뀐다.

원시 시대의 결혼은 자기 집단의 경계를 넘어 사람과 자원을 순환시키는 수단이었다. 새로운 집단과 결혼을 하면 그들과 동맹이 되는 식이었다. 하지만 사유재산이 생겨나고 집단 내에 빈부 격차가 발생하자, 사람들은 씨족 차원에서 공동으로 노동하고 동맹을 맺는 것에 흥미를 잃게 된다. 이때부터 결혼의 목적은 사적인 소유권을 강화하는 수단으로 변해 버린다.

지배 집단들은 부와 권력을 쌓아 가면서 더 제한된 사람들하고만 혼인을 하게 된다. 재산을 유지, 강화하고자 다시 친족 내에서 결혼하기도 했다. 동서양을 가리지 않고 왕족에서는 근친혼이 일상적으로 일어났다. 원시 시대에 사라진 근친상간이 재산과 권력 보호를 위해 다시 등장한 것이다. 심지어 몇몇 문화권에서는 이런 행위가 신성한 것으로 여겨졌다.

결혼이 지위와 재산을 물려주는 수단이 되자, 성은 철저히 통제된다. 자식은 부모가 선택한 상대와 결혼을 해야 했다. '부정한' 혈통의 아이를 낳아 가문에 피해를 끼치는 걸 원천 봉쇄하기 위해서 여성의 성적 자유는 완전히 박탈됐다. 간통하거나 혼전 성교를 한 여성은 목숨을 잃거나 평생 손가락질을 받았다. 고대 국가들은 법과 도덕, 종교를 통해 남성들에게 '타인의 씨를 너의 밭에 뿌리지 않도록' 아내를 주의 깊게 감시하라고 가르쳤다. 합법적인 아이와 사생아의 구분은 모든 문화권에서 시간이 지날수록 엄격해진다. 부정한 결합에서 태어난 아이는 아버지를 아버지라 부르지 못했을 뿐 아니라 땅, 지위, 시민권을 물려받지 못해 사실상 노예가 되거나 굶주림에 시달릴 수밖에 없었다.

농경 시대에는 남성 노동력이 중요해진다. 이렇다 할 농기구
가 없으니 농사에 남성의 힘은 필수적이었다. 무엇보다 창고에
쌓인 1년 치 식량을 노린 약탈이 빈번하고 극심해지니 이를 지킬
힘이 필요했다. 수렵채집 시절에는 일회적 다툼으로 끝나던 것이
부족, 나아가서는 국가의 명운을 건 전쟁으로 발전한다. 당시 군
인은 모두 남성이었고, 남성들은 잦은 전쟁을 통해 출산과 육아
로 고생하던 여성들을 뒷전으로 밀어 버리고 권력을 독차지한다.

딸들의 가치는 점점 낮아져 딸을 낳으면 죽이는 일이 공공연
히 벌어졌다. 여성의 몸은 아버지와 남편의 재산으로 간주됐다.
기원전 12세기 아시리아의 법은 다음과 같이 선언한다.

남편은 아내에게 채찍질을 하거나, 머리카락을 뽑거나, 구타하거나,
귀를 자를 수 있다. 그것은 죄가 아니다.

《구약》에는 처녀성을 지키지 못한 신부를 돌로 쳐 죽일 수 있
다고 돼 있다. 이 과정을 두고 엥겔스는 다음과 같이 정리한다.

모권의 전복은 여성의 세계사적 패배였다. 남성은 집안의 통제권을 장
악했고, 여성은 지위가 낮아지고 노예 상태로 전락했으며, 남성 욕망
의 노예이자 단지 아이를 낳기 위한 도구가 됐다. 역사에 나타난 최초
의 계급 적대는 일부일처제 결혼에서 남녀의 적대가 발전한 것과 동

시에 일어났고, 최초의 계급 억압은 남성의 여성 억압과 동시에 일어
났다.

혹자는 동물의 세계에서도 수컷이 암컷을 지배하는 구조가
흔하지 않느냐고, 가부장제도 인간의 본성이라고 반문할지도 모
른다. 물론 수컷이 우위를 차지하는 동물들도 있다. 인간과 비슷
한 영장류 대부분이 그렇다. 하지만 이들의 습성을 자세히 들여
다보면, 설혹 일부다처제라 할지라도 수컷이 암컷을 지배한다기
보다는 암컷과 수컷이 각자 다른 세계에서 다른 규칙을 따르는
것처럼 행동한다. 그들은 교미를 하는 것 외에는 거의라고 해도
좋을 정도로 서로에게 아무런 신경을 쓰지 않는다. 그냥 기계적
으로 자기 역할만 할 뿐, 인간처럼 상대의 성을 억압하고 약탈하
지는 않는다.

왜 근친상간을
하지 않을까

세계 모든 문화권은 근친상간을 금기시한다. 하지만 대부분 국가
는 근친상간을 법으로 제약하지는 않는다. 한국만 해도 '근친 간
결혼'은 법으로 금지해도 '근친 간 성관계'는 규제하지 않는다.
위계 관계에서의 성관계, 강간 금지 등 일부 조항이 이에 해당한
다고 할 수 있지만, 이런 경우는 가족 관계가 아니어도 범죄이므
로 딱히 근친상간을 막는 법이라 보긴 어렵다. 그러니까 근친상
간이 불법은 아니다. 그런데도 대부분 사람이 근친과는 성관계를
갖지 않는다.

　당연하다고 생각하겠지만, 사실 이건 굉장히 이상한 일이다.
우리는 결혼을 하려고 사랑이나 섹스를 하지 않는다. 그러니 결
혼을 못하는 관계라고 해서 섹스를 하지 않을 이유는 없다. 그렇
다면 근친상간이야말로 가장 쉬운 관계 아닌가? 늘 옆에 있으며
누구보다 나를 이해해 주고 심지어 나와 닮기까지 한 상대이니

까(연구에 따르면 사람들은 자신과 전혀 다른 사람보다는 자신 혹은 부모와 닮은 사람에게 더 성적 호감을 느낀다고 한다). 그런데 우리는 자신과 가장 닮은 사람이 바로 옆에 있는데도 굳이 그와의 관계는 피하고, 생판 모르는 사람 중에서 굳이 닮은 사람을 찾아 3만 리를 하고 있는 것이다. 대체 왜 그런 귀찮은 일을 하는가? 그냥 가족과 사랑하고 섹스하면 되지 않을까?

나는 앞에서 근친상간 금지가 권력의 탄생과 밀접한 관련이 있다고 했다. 부족 내 근친상간이 금지되면서 타 부족에서 여성을 데려와야 했고, 이로 인해 거래가 생겼다고 했다. 그리고 이를 주도한 남성들이 권력을 차지했다고.

그런데 이 전후 관계를 반대로 설명할 수도 있다. 일단 권력을 잡은 남성들이 여성들을 타 부족에게 넘기는 행위를 통해 권력을 유지했고, 이를 위해 근친상간을 금지했다는 식으로 말이다. 여성은 타 부족에게 팔아야 할 일종의 값비싼 상품이었고, 좋은 값을 받으려면 상품에 흠이 나서는 안 됐다. 여성이 혼전 성관계를 갖는 것은 당시 관점에서는 일종의 '하자'였으니, 소에게 클래식을 들려주는 축산업자 같은 마음으로 근친상간을 금지했을 것이다.

또한 부족 지도자는 내부 경쟁을 억제할 필요가 있었다. 내부에서 여성을 두고 경쟁이 일어나 서로 물고 뜯으면 그 부족은 존속하기 어렵다. 이 때문에 내부 욕망을 아예 금지시켜 버리고, 그 욕망을 외부로 돌려 버린 것이다. 즉, 남성 권력이 먼저고 근친상간 금지가 뒤따라왔다는 얘기.

문명이 발생하고 국가가 생겨난 뒤에도 권력층은 자신들의 권력을 유지하기 위해 근친상간을 종종 벌였다. 필요에 의해 근친상간을 할 수 있다면, 금지라는 것도 인간의 본능적 요소라기보다는 필요에 의해 시작되었다고 볼 수 있다.

물론 이 주장 역시 완벽하진 않다. 왜냐면 인간과 가까운 침팬지도 근친상간을 하지 않고, 성체가 된 암컷이 기존 무리를 떠나 다른 무리에 합류하는 모습을 보이기 때문이다. 침팬지는 자신과 다른 성별의 새끼가 너무 친밀하게 다가오면 새끼를 야단치며 일부러 거리를 둔다. 어찌나 철저한지 오히려 인간이 침팬지보다 근친상간을 더 많이 할 정도다. 침팬지의 사례를 보면, 근친상간을 회피하는 것은 유전자에 새겨진 본능이라고 볼 수 있다.

근친상간 금지에는 생물학적인 근거도 있다. 동종 교배는 유전자의 다양성을 줄이고 변화에 취약하게 만든다. 대표적인 경우가 치타다. 치타는 워낙 개체 수가 적어 오래전부터 근친 교배를 시켜 왔는데, 그 탓에 현재 치타의 DNA는 거의 동일하다. 이렇게 되면, 단 하나의 바이러스에 종 전체가 멸종할 수도 있다. 그러니 근친상간을 선호한 생물 종은 길고 긴 진화 과정에서 자연도태되어 사라졌을 것이다. 인간뿐 아니라 대부분 동물이 교배할 대상이 완전히 사라지지 않는 이상 자신의 형제자매 혹은 부모와 교배를 하지 않는다. 보노보의 경우 친교의 표시로 가까운 사이와도 성관계를 맺지만, 어차피 이들이야 상대가 누구든 늘 관계를 맺으니 특별히 근친상간을 한다고 볼 수는 없다.

심리학적으로 보면, 10년 이상 함께 자란 이들은 상대편을 성적으로 바라보는 것에 혐오감을 느낀다고 한다. 이를 웨스터마크 효과(Westermarck effect)라고 한다. 꼭 혈육일 필요도 없다. 가령 자녀의 결혼 상대자를 어린 나이에 데려와 함께 살 경우, 이들은 서로에게 성적 매력을 느끼지 못할 확률이 높다. 성관계 자체도 적고 임신 확률도 떨어진다. 즉, 우리가 잘 모르는 상대에게 첫눈에 반하는 건 어쩌면 고도화된 진화의 흔적일 수 있다.

선후야 어찌 되었든 족외혼은 남성의 권력을 강화시켰다. 여성은 '거래' 대상이 되었고, 여성을 차지하기 위해 부족 간 약탈과 전쟁이 벌어졌다. 그리고 인류는 독점적 가부장제 시대로 접어들게 된다.

오해할 분들이 있을 거 같아 챕터를 끝내기 전에 근친상간에 대한 내 의견을 덧붙이자면, 우리가 진화론적으로 근친상간을 피하게 만들어졌다고 해서 근친상간이 비도덕적이거나 비윤리적인 것은 아니다. 국민 정서상 형제자매끼리는 결혼이 힘들더라도 사촌 간은 결혼이 가능하도록 법이 개정될 필요가 있다. 그리고 설혹 형제자매라 하더라도 성인이 서로 좋아 결혼한다고 하면 국가가 막을 명분은 없어 보인다.

세계 최초의
화폐는 여성?

나이지리아와 카메룬 일대에서 살아가는 티브(Tiv)족은 세계화 시대에도 비교적 전통적인 삶의 형식을 유지하고 있다. 이들의 결혼 제도를 보면, 고대 사회에서 결혼이 어떤 역할을 했는지 추측해 볼 수 있다.

티브족은 많은 가부장적인 문화가 그렇듯이 결혼을 하면 여성이 남편 집으로 들어온다. 노동력만 보면, 한 명의 노동력이 여성의 집에서 빠져나가 남성의 집에 더해지는 격이다. 장차 여성이 낳을 아이까지 감안하면 딸을 빼앗긴 집의 피해는 이만저만이 아니다. 그렇다 보니 티브족이 가장 선호하는 결혼 형태는 겹사돈이다. 딸 한 명을 시집보내면 상대방 집에서도 딸을 데려와 자기 아들과 짝을 맺어 주는 식이다.

하지만 이렇게 짝 맞추기가 어디 쉬운가. 자녀의 성별이 안 맞을 수도 있고, 나이가 안 맞을 수도 있고, 설령 조건이 다 맞아도 자녀들이 상대가 마음에 안 든다며 기를 쓰고 결혼을 안 하려고 들 수도 있다. 이럴 때 티브족은 어떻게 할까? 딸을 보낸 사람은 결혼시킬 아들이 없더라도 일단 상대방 딸을 데려온다. 그리고 이 딸로 다시 다른 집과 거래를 시도한다.

집집마다 아들딸 비율이 모두 똑같다면, 이 방식으로 모든 거래가 가능하다. 하지만 어느 집에는 딸이 많고, 어느 집에는 아들이 많다. 그러면 아들이 많은 집에서는 딸이 없어 자식을 결혼시킬 수가 없다. 이럴 때는 어찌해야 할까? 뭘 어떡해. 제발 딸 하나만 달라고 딸 부잣집에 가서 빌어야지. 그런데 어디 말로만 해서 부탁이 먹히겠나. 만족할 만한 뭔가를 줘야지.

하지만 티브족은 대부분의 재산을 공동 소유한다. 마땅히 내어 줄 것이 없다. 유일하게 딸을 대체할 만한 물건이 청동으로 만든 창이다. 우리는 고대를 석기, 청동기, 철기 순으로 구분하기 때문에 청동기를 석기나 철기처럼 실용적인 것으로 생각하지만, 사실 청동기는 구하기도 어려운데 내구성도 낮아 별로 쓸 데가 없다. 전통적으로 쓸 데도 없으면서 구하기 어려운 것은 권력을 상징하는 도구가 된다. 그러므로 티브족에게 청동 창은 권력의 상징이었다. 창을 내어 준다는 것은 자신의 권력을 주는 것이다.

사람들은 이 청동 창을 미리미리 쌓아 두면 좋다는 것을 금세 깨닫는다. 티브족 사람들은 곧 이 청동 창을 얻기 위해 상대방이 시키는 모든 것을 하는 일종의 노예가 된다. 지금의 화폐 역할을 이 청동 창이 하는 것이다. 이 청동 창처럼 신부를 데려올 때 지

티브족에서는 신부를 데려올 때 청동 창 같은 브라이드 프라이스를 지불한다.

불하는 것을 '브라이드 프라이스(Bride Price)'라고 한다. 어쩌면 인류는 신부의 값을 지불하는 이 과정에서 돈의 개념을 만들고, 권력과 노예도 만든 것일지 모른다.

　브라이드 프라이스는 티브족뿐 아니라 거의 모든 가부장 문화권에서 볼 수 있다. 현재도 결혼할 때 남성이 신혼집 마련 등을 이유로 결혼 비용을 더 많이 쓰는 경향이 있는데, 이 역시 브라이드 프라이스의 일종이라 볼 수 있다.

2장. 고대 사회:
오늘은 스리섬이 좋겠어

I'm a bitch, I'm a lover
I'm a child, I'm a mother
I'm a sinner, I'm a saint
I do not feel ashamed
I'm your hell, I'm your dream
I'm nothing in between
난 나쁜 년, 난 연인
난 어린애, 난 엄마
난 죄인, 난 성인
난 부끄럽지 않아
난 너의 지옥, 너의 꿈
난 그 중간에서는 아무것도 아니지

—미국 가수 메레디스 브룩스의 노래 〈Bitch〉에서

공개 자위에 시달린
이집트 왕

고대 문명사회 대부분은 농경에 기반을 둔 가부장적 일부일처제 사회였지만, 우리가 생각하는 보수적인 성문화가 완전히 정착하기까지는 꽤 오랜 시간이 걸렸다.

문명사회 초기에 종교는 매우 강력한 구심체였다. 당시 종교는 현대 종교와는 다르게 성을 부정적으로 여기지 않았다. 성적인 오르가슴이 종교적 쾌락과 함께 다뤄졌으며 신전에는 성직자와 창녀가 함께 존재했다. 경우에 따라서는 한 사람이 두 역할을 다 하기도 했다. 고대 문명사회 중 가장 번성했던 이집트를 통해 당시 성문화를 엿보도록 하자.

성과 연애의 이상향, 이집트

동양에서 이상향을 말할 때 늘 요순시대를 언급하고, 서양에서는 늘 그리스 아테네로 돌아간다. 성과 연애의 이상향을 찾는다면, 아마 기원전 3000년경에 세워진 고대 이집트가 아닐까 싶다. 일단 신화부터 보자.

암흑뿐인 태초의 바다에서 최초의 신인 아툼(Atum)이 태어난다. 아툼은 혼자였고, 너무 심심했다. 그래서 시간을 때우려고 자위를 하는데, 아툼이 양성을 가진 특별한 존재였기에 자위만 했는데도 생명이 태어나고 세상이 만들어진다. 성 지식이 많이 깨인 현대에도 자위는 '어쩔 수 없이 하는 것' 정도로 치부되는 걸 감안하면 '자위하다 세상을 만들어졌다'는 이집트 신화는 시작부터 화끈한 구석이 있다. 아툼의 정액에서 이집트의 근간이라 할 수 있는 나일강과 기타 많은 신이 생겨난다. 이 신들은 근친상간을 통해 또다시 많은 신과 세상을 창조한다.

요가, 아니 자위를 하고 있는 아툼. 여성 독자들에게 비밀을 하나 알려 드리면 남자들은 사실 저렇게 자위를 한다. 못 믿겠으면 영화 〈숏버스〉를 보시라.

가장 공적인 연애사

이집트 최초의 왕인 오시리스와 아내 이시스는 쌍둥이 남매다. 이들은 너무 우애가 좋은 나머지 어머니 배 속에 있을 때부터 사랑을 나눴다. 태어나서도 당연히 사랑을 나눴고, 부부가 되어서 이집트를 사랑이 넘치는 곳으로 만들었다. 오시리스는 아내이자 누이인 이시스를 매우 사랑했지만, 사랑이 너무 넘쳤기 때문에 또 다른 자신의 누이 동생이자, 남동생 세트의 부인인 네프티스와도 사랑을 나눴다. 복잡한데 정리하자면 네프티스와 세트 모두 오시리스의 동생이고, 이 두 사람 역시 부부였다. 기본적으로 참 사랑이 넘치는 가족이다. 오시리스는 선과 빛의 신, 세트는 악과 어둠의 신이다. 세트는 세상 다 가진 듯 행동하는 형 오시리스가 꼴 보기 싫어 석관에 가두어 죽이고는 다시 살아나지 못하게 시신을 열네 조각으로 나눠 나일강에 뿌린다. 이집트인들은 죽은 이가 부활하려면 신체가 온전해야 한다고 믿었기 때문이다.

오시리스의 부인이자 쌍둥이 누이인 이시스는 고통스러워하며 시신을 찾아 나일강을 헤맨다. 그녀는 다른 신들의 도움을 받아 열세 조각은 찾지만, 마지막 조각인 페니스만은 찾지 못한다. 이시스는 열세 조각을 맞춘 다음, 붕대로 땡땡 감아 최초의 미라를 만들었다. 아마포 붕대에 기름을 발라 만든 가짜 성기도 끼워 넣는다. 그리고 이것을 입에 넣어 정성껏 애무했다. 그러자 기적처럼 가짜 성기가 발기했고, 이시스는 미라가 된 오시리스와 성교해 아들 호루스를 낳는다. 이 이야기는 아툼의 자위와 마찬가지로 남편을 잃은 여성이 가짜로 만든 성기로 쾌락을 찾는다는

대체
언제까지…

고대 이집트 왕들은 가물 때마다 강의 여신을 달래기 위해 만백성이 보는 앞에서 공개 자위를 했다. 근데 문제는 가뭄이 보통 100일 가까이 지속됐다는 것.

또 다른 자위 이야기이기도 하다. 여러분은 내가 MSG를 쳤다고 생각하겠지만, 정말 거짓말 하나 보태지 않고 신화가 이렇게 쓰여 있다. 이집트인들은 자위에 진심이었다.

위 내용이 파격적으로 보일 수 있지만, 이집트 신화에서는 매우 순애보적인 순한 맛에 속한다. 아무튼 이런 신화를 가지고 있다 보니 고대 이집트에는 남근을 숭배하는 문화도 있었다. 축제 때 여성들은 페니스 형태의 거대한 조각을 만들어 행진했으며, 가뭄이 들면 파라오가 나일강으로 나가 만백성이 보는 앞에서 자위를 했다. 그 옛날 아툼이 자위를 통해 세상을 풍요롭게 만든 것처럼 신의 현생인 파라오의 자위로 세상을 풍요롭게 바꾸려는 것이다. 문제는 이 가뭄이란 것이 길면 100일 넘게 이어졌다는 것. 파라오는 100일 연속으로 강 위에서 공개 자위를 해야만

가장 공적인 연애사

했다. 엄청난 수치 플레이지만, 자신을 신으로 여긴 파라오는 자랑스럽게 흔들지 않았을까 싶다. 일부 학자들은 파라오의 수명이 짧았던 이유가 과도한 자위 때문이라고 보기도 한다.

이집트나 유럽 몇몇 도시에서는 크고 아름다운 오벨리스크를 종종 볼 수 있는데, 이것은 태양신 라의 상징인 동시에 남근의 상징이다. 이집트를 점령한 유럽 강대국들은 오벨리스크를 자국으로 훔쳐 갔는데, 이집트 사람들은 거세를 당하는 아픔을 겪었을지 모른다.

파리의 오벨리스크.
이놈들아, 왜 그걸 잘라 가니?

남녀가 거의 평등했던 이집트

고대 이집트는 신화만큼이나 사회 문화 또한 혁신적이었다. 일단 남녀가 '거의' 평등했다. 거의라는 건 완벽하진 않았다는 뜻이지만, 이후 문명과 비교해 보면 고대 이집트의 성 평등은 혁신적이다 못해 놀라운 수준이었다. 사실 진정한 7대 불가사의는 피라미드 따위가 아니라 이집트의 평등한 성문화다.

이시스가 생고생해서 죽은 오시리스(의 성기)를 살리고 세상을 구원했으니, 이시스는 그 노고를 인정받아 오시리스와 함께 이집트를 통치했으며, 이집트 여성은 '평등'을 선물로 받았다. 이시스와 오시리스처럼 이집트는 왕과 여왕이 공동 통치하게 되었다. 그리그 이 통치 커플은 이시스와 오시리스가 그랬듯 보통 부부이자 형제자매였다. 이집트 사회에서는 일부다처와 함께 일처다부도 가능했고, 아들딸이 재산을 함께 물려받았으며, 아버지 대신 어머니 이름을 따르는 경우도 많았다. 여성도 공직에 진출할 수 있었고 제사장도 될 수 있었다. 고대 이집트는 현대 이전, 여성이 사제직을 맡을 수 있는 유일한 나라였다. 지금도 전통이라는 이름으로 여성 사제를 인정하지 않는 종교와 교단이 있는 것을 감안하면, 이집트가 얼마나 개방적이었는지 알 수 있다.

물론 이집트도 농사를 짓는 가부장 사회였으므로 남녀가 완전히 평등하진 않았다. 일단 보통의 농경 사회가 그렇듯이 여성들은 노동력 확보를 위해 아이를 많이 낳아야 했다. 여성도 공직에 오르거나 직업을 가질 자유는 있었지만, 출산에 발목이 잡히곤 했다.

또한 남성은 파트너 없이 혼자서도 지도자(파라오)가 될 수 있었지만, 여성은 꼭 남편과 공동 통치를 해야 했다. 그래서 이집트의 가장 유명한 지도자인 클레오파트라 7세도 형식적으로 늘 남성을 얼굴마담으로 세워야 했다. 처음에는 동생이자 남편인 프톨레마이오스 13세와 공동 통치를 했고, 그가 암살당하자 또 다른 동생인 프톨레마이오스 14세와 결혼해 공동 통치를 했다. 프톨레마이오스 14세가 요절하자 이번엔 자신의 아들 카이사리온을 왕으로 세우고 국모가 되어 이집트를 통치했다. 이집트 백성은 물론 외국 사람들까지 모두 클레오파트라가 실세인 걸 알고 있었지만 여성이었기에 클레오파트라는 늘 남성과 함께해야 했다. 비록 이런 상황이었더라도 당시 주변 국가와 비교하면 이집트의 성 평등은 혁신적인 수준이었다. 그리스나 로마 사람들은 이집트를 모권제 사회라고 착각할 정도였다.

뭐든 즐길 것

고대 이집트의 성관념은 지금도 우리가 따라가기 힘들 정도로 개방적이었다.

일단 근친상간이 금지되지 않았다. 특히, 왕가에서는 근친 간 결혼이 빈번했는데, 앞에서 이야기했듯이 권력을 유지하려는 목적에서였다. 물론 백성들도 근친상간을 얼마든지 할 수 있었고, 한다고 해서 처벌받거나 하는 경우는 없었다.

그 외에도 이집트에선 동성애, 매춘, 다수의 부인과 남편을 두는 것, 그리고 불륜도 금지되지 않았다. 이 말은 사실 어폐가 있는데, 왜냐면 당시 이집트에는 법적인 부부관계 자체가 없었기 때문이다. 그냥 함께 살면 부부고 떠나면 이혼이다. 결혼한 여성도 얼마든지 매춘에 종사할 수 있었다. 이렇게 말하면 가족 관계가 개판이었을 것 같지만 전혀 그렇지 않다. 이집트는 부부관계를 매우 신성하게 여겼다. 다만 오시리스가 그랬듯 사랑이 넘쳐여기저기 좀 더 나눴을 뿐이다.

이집트인들은 피임에 대해서도 나름의 지식을 갖추고 있었다. 동물 맹장으로 만든 콘돔을 사용했고, 석류 씨를 먹기도 했다. 실제로 석류에는 에스트로겐이 들어 있어 피임에 효과가 있다. 물론 이런 방법들이 현대의 피임 도구들처럼 완벽하진 않았겠지만, 어느 정도는 임신을 조절하게 도와줬을 것이고, 그 덕분에 자유롭게 성과 연애를 즐길 수 있었을 것이다. 또한 이집트인들은 위생을 위해 성기 주변을 깔끔히 제모했고, 포경수술을 하기도 했다.

이집트는 신분 제도도 당대의 여느 사회와 좀 달랐다. 계급과 노예가 존재했지만, 차별이 심하지는 않았다. 피라미드를 떠올리면 우리는 채찍을 맞는 대규모의 노예를 떠올리지만, 실제로 이들은 노예가 아닌 임금 노동자였다. 고대 이집트의 도심 터를 분석해 보면 집의 크기가 엇비슷한데, 이는 개개인의 경제 수준이 크게 차이 나지 않았음을 의미한다.

고대 이집트는 기후가 안정적이고 땅이 기름져 식량이 풍부했다. 이런 경제적 기반을 바탕으로 여유롭고 자유로운 국가를 유지할 수 있었을 것이다. 역사적으로 경제적으로 안정적인 곳이

콘돔과 피임약이 개발되기 전까지 여성들은 확실하지도 않으면서 위험한 피임법을 쓸 수밖에 없었다. 고대 이집트에선 악어 배설물을 꿀과 섞어 만든 알약을 비롯해 레몬, 반지 등을 자궁에 넣어 임신을 막으려 애썼다. 고대 중국에선 수은을 피임에 이용했고, 중세에도 납 성분이 가득한 물을 마시거나 아편 가루를 환약으로 만들어 몸 안에 넣었다.

그렇지 않은 곳보다 개방적인 문화를 가진 경우가 많다. 반대로 경제가 어려우면 뭐든 보수적으로 기울어 성적인 부분에서도 그런 경향이 나타난다.

클레오파트라의 유혹

이집트의 자유로운 성적 매력을 가장 잘 보여 주는 인물이 클레오파트라다. 과거 사람들은 클레오파트라를 전설적인 미녀로 상상했다. 프랑스의 수학자 파스칼은 "그녀의 코가 1센티미터만 낮았어도 세계의 역사가 달라졌을 것"이라 말했다. 그녀의 코를 디스한 것처럼 들리지만, 사실 그녀가 얼마나 아름다웠는지를 칭송한 말이다. 그녀는 세계를 제패해 가던 로마의 최고 권력자 카이사르와 안토니우스를 차례차례 애인으로 삼았으니, 그 말이 틀리진 않은 것 같다.

그런데 훗날 발견된 그녀의 조각상들을 보면 우리 상상처럼 외모가 출중하진 않았던 것 같다. 무릇 권력자의 초상화나 조각상은 권력자의 마음에 들기 위해 마사지가 되기 마련인데, 일종의 뽀샵을 거쳤음에도 미녀가 아니라는 것은 실물은 더 아닐 가능성이…… 아무튼 그래서 이성적인 학자들은 로마의 권력자들이 그녀에게 빠졌던 건 외모 때문이 아니라 이집트를 차지하기 위해서라는 합리적인 이유를 생각해 냈다. 분명 그런 측면도 있었을 것이다. 그녀가 아무개였다면 하룻밤 애인은 됐을지언정 권력자의 연인이 되지는 못했을 테니까. 하지만 그것만으로는 설명이 부족해 보인다. 그녀에게는 그 이상의 무언가가, 치명적인 매력이 있었을 것이다.

그녀가 카이사르를 유혹하기 위해 나체로 양탄자에 숨어 있다가 나타난 이야기는 유명하다. 이후에 안토니우스를 유혹한 건 더 인상적인데, 왜냐면 카이사르와의 관계를 온 천하가 아는 상황에서, 그러니까 의도적 접근이 뻔한데도 안토니우스가 그녀에게 빠져들었기 때문이다. 알면서도 빠져드는 것, 그것이야말로 치명적인 사랑 아니겠는가.

가장 공적인 연애사

클레오파트라는 성에 자유로웠을 뿐 아니라 이를 이용하는 방법도 정확히 알고 있었다. 얼마나 파격적이었느냐면, 자신을 지켜 주는 100명의 경비원에게 감사의 표시로 펠라치오(남성 성기를 입으로 애무해 주는 행위)를 해 줬을 정도다. 여신으로 추앙받는 여왕이 그 도톰한 입술로 쾌락을 선사해 주는데,

클레오파트라의 옆모습을 새겨 놓은 동전. 짧은 이마와 매부리코, 각진 턱선, 두툼한 목살을 볼 수 있는데, 이는 우리가 생각하는 미인의 전형과는 다르다.

어찌 충성을 다하지 않을 수 있겠는가. 그녀에 대한 이런 일화만 단편적으로 전해 들은 로마 사람들은 그녀를 '창녀 여왕'이라며 비웃었지만, 그녀는 전혀 개의치 않았다. 사실 성에 당당한 여성이 주는 느낌은 음란함과는 거리가 멀다. 도리어 성스럽고 매혹적이며 치명적이다. 가부장 사회인 로마에서 특히 강력한 권력을 가지고 있어 모든 이가 고개를 숙였을 카이사르와 안토니우스에게 클레오파트라는 난생처음 겪는 유혹이었을 것이다. 두 사람은 이런 뻔한 드라마 대사를 치지 않았을까.

"나를 이렇게 대한 건 네가 처음이야."

동성애를 찬양한
그리스?

우리가 고대 그리스의 성과 관련해서 가장 많이 알고 있는 것은 아테네의 존경받는 시민들이 부인 외에 남성과도 관계를 맺었다는 것이다. 이 때문에 많은 이가 고대 그리스의 사례를 가져와 역사적으로 동성애가 특별한 것이 아니었다고 강변한다. 물론 역사적으로 동성애는 특별한 것이 아니다. 하지만 그리스의 동성애는 동성애가 아니었다.

그리스 사회는 강고한 가부장제 사회였고, 여성은 사람 취급도 못 받았다. 에피쿠로스학파 정도만이 여성을 동등한 인격체로 대우했는데, 이 학파는 그리스 말기에 생겨났고 주류도 아니었다. 그리스 남성들에게 여성은 성적 욕망을 해소하고 아이를 낳아 대를 잇는 존재 이상의 의미가 없었다. 그렇기에 자신들의 정서적인 부분을 채워 줄 여성이 아닌 다른 존재가 필요했다. 그 대상은 주로 남성이었는데, 사람들은 이를 두고 흔히 육체적 사랑은 여성과, 정신적 사랑은 남성과 나누었다고 표현한다.

그림만 봐도 위아래가 느껴지는
그리스 시대의 동성 연인

그런데 이건 새빨간 거짓말이다. 아테네 중년 남성의 동성애 파트너는 12세에서 18세 사이의 소년들이었다. 수염이 나지 않은 소년들만이 연애의 대상이었으며, 수염이 나기 시작하면 연애 대상에서 제외됐다. 만약 정서적인 부분을 채우는 것이 목적이었다면 동년배를 만나야 하지 않겠는가? 물론 나이 차가 많은 커플들도 얼마든지 정서적 교감이 가능하겠지만, 중년 남성과 소년의 관계가 보통이었다는 것은 아무리 봐도 육체적 관계를 암시한다.

어린 남자 애인은 정서적으로 안정감을 주는 파트너라기보다 자신의 위치와 능력을 확인시켜 주는 존재이자 성적 만족을 주는 도구에 불과했다. 소년 입장에서 보면 어떤 어른 파트너를 만나느냐에 따라 성공이 결정됐기 때문에 순종적일 수밖에 없었을 것이다. 그가 사회적으로 존경받는 사람이라면 실제로 존경심도 가졌을 것이고, 하나라도 더 배우려는 마음도 있었을 것이다. 나이 든 남성들은 소년들의 존경으로 자신감이 생겼을 것이다. 그들은 아무 말이나 맨스플레인한 다음, 마지막으로 젊은 육체를 탐했다. 마치 커피 마시고 영화 봤으니까 모텔에 가는 것처럼. 당시 아동의 성을 착취하는 건 당연한 문화였기에 무차별적인 쾌락을 비판했던 철학자(대표적으로 소크라테스)도 소년과의 밀월을 즐겼다(소크라테스의 제자이자 애인이었던 알키비아데스는 총명한 소년이었으나, 성인이 된 후 비뚤어진 삶을 산 것으로 유명하다. 이 비행이 어린 시절 성 착취와 완전히 무관하다고 할 수 있을까?).

지금도 그렇지만 가부장제가 익숙한 남성은 수평적 인간관계를 잘 맺지 못한다(이전 시대 아버지들을 떠올려 보라). 고대 그리스는 매우 심각한 가부장 사회였으니, 남성들이 동년배와 수평적 관계를 맺기보다 나이 어린 남성들과 수직적 관계를 맺는 것에서 편안함과 권력을 더 느꼈을 것이다. 그리고 그 권력은 지독히 육체적이었다. 그리스 남성들은 깔아뭉개서 삽입할 수만 있다면, 여성의 성기든 소년의 항문이든 동물의 생식기든 거리끼지 않았다. 대상이 중요한 것이 아니라 그럴 수 있는 권력이 중요했다. 가부장제에서 사랑은 평등한 것이 아니라 권한이 있는 남성들의 쟁탈전 같은 것이다.

그들의 남색은 오늘날 우리가 생각하는 동성애와는 거리가 멀다. 오히려 그들은 동성애를 혐오했다. 그들은 남창들과 섹스는 열심히 했지만, 연애는 하지 않았다. 어떤 남성이 동년배 남성과 사랑에 빠지면 사람들은 그것을 매우 여성적인 일이라 생각했다. 앞에서 말했듯이 그리스 사람들은 여성을 열등한 존재로 여겼으므로, 여성적이라는 것은 최악의 비난이었다.

사포와 레즈비언

고대 그리스에서는 드물지만 여성 동성애의 사례도 발견된다. 남성들은 이를 탐탁지 않게 여겼지만 크게 탄압하지도 않았는데, 열등한 여성에게 부인을 뺏기는 건 애당초 불가능하다고 여겼기 때문이다.

고대 그리스에서 가장 유명한 여성 동성애자는 시인 사포(Sappho, 기원전 612~?)다. 그녀는 귀족 출신이어서 좋은 교육을 받을 수 있었고, 작가로서 능력도 탁월해 당대 최고의 서정 시인으로 꼽혔다. 명성이 호메로스(Homeros)와 비등했다니 성별 보정치를 대입하면 당대 최고의 시인이라 불러도 무방할 듯하다.

그녀는 남편을 잃은 후에 미혼 여성들을 모아 음악, 무용, 시 등을 가르치는 학교를 열었다. 당시에는 여성의 결혼 연령이 낮았으니 제자들이 어렸을 것이다. 명확하진 않지만, 그녀는 다른 그리스의 스승들처럼 제자들과 섹슈얼한 관계를 맺은 것으로 추정된다. 여성 동성애자를 뜻하는 단어 레즈비언(lesbian)은 사포가 학교를 세운 '레스보스 섬의 사람들'이라는 뜻이다.

소문은 삽시간에 퍼졌고, '섹스에 중독된 창녀'라는 비난이 사포에게 쏟아졌다. 이런 일화들이 진실인지 아니면 성공한 여성을 깎아내리기 위한 헛소문인지는 알 수 없다. 다만 남아 있는 그녀의 시에 동성애를 묘사하는 구절들이 있는 것으로 보아 그녀가 동성애자였다는 건 사실이 아닐까 싶다. 사포는 에로틱한 내용이 들어간 훌륭한 시를 많이 남겼는데, 수백 년 뒤 해당 지역을 점령

사포의 학교는 이후 많은 예술가에게 에로틱한 영감을 선사했다.
이 그림은 클림트가 상상해 그린 사포와 제자 모습. 〈Sappho〉, Gustav Klimt(1862~1918)

한 비잔틴 제국의 성직자들이 불결하다며 없애 버렸다고 한다. 우리는 그렇게 또 한 편의《일리아드》혹은《오디세이》혹은《카마수트라》를 잃었다.

그리스 시대의 True Romance

남성이든 여성이든 그리스의 동성애는 아동성애에 가까웠다. 정신적 사랑이라기보다는 육체적 착취에 가까웠고, 현대적으로 보자면 그루밍 성범죄에 해당한다. 젊은 사람도 그만큼 이득이 있었겠지만, 원조교제의 문제가 성인에게 있듯 이 경우도 마찬가지다. 물론 과거의 문제를 현재의 관점으로만 봐서는 안 되지만, 그리스의 사례를 동성애의 바람직한 사례로 언급하는 것은 자제해야 하지 않을까 싶다.

그렇다면 바람직한 사례는 없을까? 사실 우리가 생각하는 동성애는 오히려 그리스의 일반 시민들 사이에서 많이 일어났다. 남성 동성애는 기원전 8세기부터 귀족들 사이에서 시작됐으나, 기원전 5세기쯤 돼서는 일반 시민들에게도 널리 퍼지게 된다. 시민들은 특별히 아랫사람에게 줄 혜택이 없었으므로 동기 간의 평등한 관계가 자연스레 형성됐다.

그중 가장 유명한 사례가 테베의 신성부대다. 이 부대는 20세부터 30세 정도까지의 젊은 게이 커플 150쌍(총 300명)으로 이루어졌다. 이들은 사랑하는 이에게 과시하기 위해, 사랑하는 이를 지키기 위해, 그리고 파트너가 죽었다면 복수하기 위해 최선을 다해 싸웠다. 테베가 군사 강국 스파르타를 무너뜨리는 데도 이 신성부대가 결정적 역할을 했다.

과거 문명에서는 동성애를 인정한 경우를 쉽게 볼 수 있다. 일부 문화권에서는 동성애를 이성 간의 사랑보다 더 높이 평가하기도 하는데, 이는 남성 우월주의에 기반을 둔 사회였기 때문이다. 그러니까 수준이 맞는 사람끼리의 사랑이라는 거지. 그런 이미지 때문에 후대 사람들은 손쉽게 동성 간의 사랑을 정신적 사랑으로, 이성 간 사랑을 육체적 사랑으로 생각한다. 그렇게 설명해야 보수적인 이들이 아이들에게 건전한(?) 성교육을 할 수도 있을 것이고. 하지만 천만의 말씀(설명은 설명일 뿐), 동성 간의 사랑도 대부분 육체적 관계였다.

그런데 왜 과거 사람들은 동성애를 더 진정한 사랑으로 여겼을까? 여기서부터는 순전히 나의 추정인데, 어쩌면 과거 사람들이 동성 간의 사랑을 진정한 사랑이라 믿은 이유는 임신의 위험이 없기 때문일지도 모른다. 피임이 마땅하지 않던 시절, 임신이라는 위험에서 벗어나 자유롭게 연애를 할 수 있었던 건 동성애밖에 없었던 것이다.

매번 같은 사람,
지겨울 때는 '카마수트라'

《카마수트라》는 4세기경 인도 지역에서 활동한 철학자 바츠야야나가 쓴 것으로 추정되는 성 지침서다(동명이인이라는 설도 있다). 보통 섹스 비법을 알려 주는 책으로 알려져 있지만 그뿐 아니라 부부관계 전반에 관해 얘기하고 힌두교의 성문화도 다루는 등 상당히 많은 내용이 포함되어 있다. 다만 후세 사람들이 다양한 체위 다룬 부분을 부각해 소비하고 있을 뿐이다. 물론《카마수트라》를 직접 읽은 사람보다는 이미지로 소비한 사람이 다수겠지만 말이다.

그러니 우리가 아는《카마수트라》는 19금 영화에서 야한 장면만을 짜깁기한 엑기스(?) 영상이나 다름없다.《카마수트라》에는 총 108가지의 체위와 729개의 섹스 스킬이 등장한다. 체위 수가 불교에서 말하는 번뇌의 수와 같은 것은 단순한 우연인지 의도인지 모르겠지만, 인간의 번뇌 중 상당수가 성적인 관계에서

《카마수트라》는 일부일처의 무료한 성생활을 달래기 위해 쓰였다.

오는 것 같긴 하다.

사람들은 《카마수트라》를 카사노바처럼 자유분방한 사람들을 위한 책이라고 생각하지만 실은 정반대다. 힌두교는 대부분 종교가 그렇듯이 강력한 일부일처제를 고집한다. 평생 한 명의 배우자만 인정한다. 하지만 인간의 욕망은 이런 종교적 억압을 충분히 이겨 내고도 남는다. 《카마수트라》는 이런 폭발하는 성적 욕망을 다스리는 방편으로 다양한 체위를 제시한다. 이를 통해 권태기를 극복하고 즐겁게 살라는 가르침이다.

이건 인간이 어쩌다 수많은 방식으로 섹스를 하게 되었는지 생각해 볼 수 있는 지점이다. 동물 세계에서의 섹스는 단조롭다. 대부분 체위가 한 가지다. 보노보가 그나마 다양한 체위를 시도하는데, 인간에 비하면 턱없이 부족하다. 동물에게 중요한 것은

가장 공적인 연애사

번식 그 자체라 파트너 수가 중요하지 체위는 중요하지 않다. 반면 인간은 오래전부터 일부일처제를 고수해 왔다. 그러니 다양한 체위란 자유로운 성관계에서 만들어진 것이 아니라, 오히려 일부일처제를 유지하기 위한 방편으로 발전했을 수 있다.

《카마수트라》는 '건강한 부부생활을 위한 가이드'다. 바츠야야나는 책의 말미에 자신의 말을 따르는 모범생들에게 '행복한 결혼 생활과 여러 명의 자녀, 그리고 장수'를 약속한다. 결코 '다양한 파트너와 성적 자유'를 약속하지 않는다. 신기하지 않은가? 힌두교의 보수성이 세상에서 가장 야한 책을 만들어 내다니 말이다.

3장. 중세 사회: 주님은 CCTV

"군림하는 것이
사랑받는 것보다 낫다."

-마키아벨리 《군주론》에서

하늘에 계신
우리 가부장

근대 이전 농경 사회의 삶을 생각해 보자.

먼저 평민들. 이들은 수렵채집 사회에서 농경 사회로 넘어가면서 할 일이 폭발적으로 늘어난다. 밭일도 해야 하고, 집에서 쓰는 물건도 만들고, 물물 교환할 것도 만들어야 했다. 할 일이 너무 많아 혼자서는 살아남기 힘들었기에 결혼은 필수였다. 인생에 꼭 필요한 과정이었으므로 결혼 당사자가 정하기 전에 부모들끼리 알아서 혼사를 결정했다.

지배층에게도 결혼은 중요했다. 평민들처럼 노동을 걱정하진 않았지만, 결혼을 통해 권력과 재산을 보호하고 증식했다. 결혼은 재산 상속의 중요한 수단이자, 사회적 네트워크와 정치적 영향력을 확장하는 수단이었으며, 국가적으로는 군사 동맹과 평화 조약을 체결하는 역할을 수행했다.

수천 년 동안 결혼 상대를 선택하는 문제에서 개인은 빠져 있었다. 하층 계급과 중간 계급에게는 개인적인 사랑이나 만족감, 성적 매력보다는 경제적인 이유가 중요했고, 상류층에게는 정치적 목적이 중요했다. 물론 당시에도 연애 감정은 있었다. 2000년 전 로마의 작가 오비디우스(Ovidius, 기원전 43~기원후 17)가 쓴《사랑의 기술》에는 현대의 꾼들이나 할 법한 연애 팁이 잔뜩 모여 있다. 당시 사람들도 연애에 골몰한 것이다. 하지만 연애는 어디까지나 여흥에 불과했으며, 실제 결혼 생활에서는 전혀라고 할 만큼 영향을 끼치지 못했다. 당시 결혼은 삶의 과정이었지, 사랑의 결실이 아니었다. 그때나 지금이나 사람의 감정은 비슷하고, 부부간의 애정 역시 존재했겠지만, 그건 연애 감정이라기보다는 공동생활 속에서 자연히 나오는 부차적인 것에 가까웠다. 아니, 어쩌면 그것이야말로 부부간의 진정한 유대일지도 모른다.

가족의 어원은 노예

사회의 시스템이 고도화될수록 가부장제 역시 고착화된다. 중세 시대에는 생명과 재산을 보호하기 위해 가부장을 중심으로 혈족들이 연대했다. 누군가 나에게 해를 가해도 정말 심각한 일이 아니고서는 국가는 신경 써 주지 않았으며, 신경 쓸 능력도 없었다. 혈족이 없는 개인은 재산이나 생명을 보장받을 수 없었고, 가족이 없으면 죽임을 당해도 복수를 해 줄 사람도 없었다. 가족이 안정과 보호를 제공해 주는 유일한 곳이었다. 그러니 친족의 유대를 강화하고 세습 재산을 유지하는 것은 생존과 직결되는 문제였다.

가부장은 가족의 왕이었고, 가족 구성원은 가부장에게 무조건 복종해야 했다. 중세 일부 국가에서는 남편이 아내나 자식을 죽인다 해도 처벌받지 않았다. 흔히 우리는 조선을 가부장제가 강한 사회라고 생각하지만, 중세 유럽에 비하면 조선은 진보적인 사회였다. 조선 중기까지만 해도 재산 상속, 자녀 교육 등에서 여성도 어느 정도 권리를 가지고 있었다. 조선 후기 전란을 겪으면서 가부장제가 강화되고 여성 억압이 심해지긴 하지만, 조선이 망하는 그 순간까지도 조선의 가장은 가족을 처벌할 권리가 없었다. 중세 같은 강력한 가부장제가 한반도에 등장한 건 오히려 조선이 망한 뒤다. 일본은 자기들 식으로 소화한 유럽 문화를 한반도에 도입하는데, 그중 하나가 가부장의 처벌권이었다.

중세까지 가족은 직장이고 은행이고 경찰이었다. 가족(family)의 어원인 라틴어 famulus는 원래 한 사람이 집 안에서 거느리는 노예를 의미했고, familia는 한 남자가 갖고 있는 노예 전체를 뜻하는 단어였다. 즉, 가족의 어원은 노예다. 그러니 가족을 벗어나고 싶은 우리의 열망은 어쩌면 자유를 추구하는 본능이라 하겠다.

'부르주아의 프롤레타리아 탄압보다 더 오래된 남성의 여성에 대한 탄압'은 현대에 들어서면서 줄어들고는 있지만, 아직까지도 그 형태를 유지하고 있다. 과거 가부장제가 더 강고했다고 해서 당시 여성의 성이 더 억압당했고 불행했다고 단순하게 설명할 수는 없다. 같은 가부장제하에서도 연애의 모습은 지역과 시대에 따라 다양한 모습으로 나타났다.

다 아는 이야기 말고 조금 특별한 모습을 살펴보자.

최초의 페미니스트, 릴리트

종교에서는 인류의 탄생에 관한 얘기가 꼭 등장한다. 그런 이야기가 있어야 세계관이 완성되기 때문이다. 신실한 이들은 종교에서 하는 이야기를 그대로 믿기도 하고, 지적설계론같이 과학처럼 보이려고 끼워 맞추기도 하지만, 인류 탄생에 관한 이야기는 만들어졌거나 과장되었다고 보는 것이 보통의 해석이다. 그럼에도 우리가 종교를 알아야 하는 이유는 그 종교가 성을 어떻게 이해했는지, 그런 이해가 사람들의 성생활에 어떤 영향을 끼쳤는지를 추정할 수 있기 때문이다.

《구약》에 등장하는 아담과 이브의 이야기는 누구나 알고 있을 것이다. 신은 자신의 모습을 본떠 흙으로 남성(아담)을 만든다. 그리고 심심한 아담을 위해 그의 갈비뼈를 떼어 내 여성(이브 혹은 하와)을 만든다. 이는 여성이 남성의 일부이고, 남성의 소유물이라는 의미로 받아들여진다.

신화나 다름없는 이런 이야기에 논리를 들이대는 건 웃기지만, 현재 남성의 갈비뼈는 쌍이 잘 맞으므로 이 이야기는 앞뒤가 맞지 않는다. 그냥 듣고 흘려버려도 되지만, 일부 덕후들은 이런 오류를 가만 놔두지 않는다. 미국의 진화생물학자 스콧 길버트(Scott Gilbert)와 성서학자 자이어니 제비트(Ziony Zevit)는 〈인간의 선천적인 음경골 결핍: 〈창세기〉 2장 21절에서 23절에서 사람을 만든 뼈(CONGENITAL HUMAN BACULUM DEFICIENCY: The generative bone of Genesis 2:21~23)〉라는 논문에서 신이 남성의 갈비뼈가 아니라 음경골(성기 뼈)로 여성을 만들었다고 주장했다. 종교계든 과학계든 이 주장을 대수롭지 않게 여기는 것 같지만, 갈비뼈에서 나오는 것보다는 훨씬 그럴듯한 주장이다. 왜냐면 인간 남성에게는 포유류 수컷 대부분이 가지고 있는 음경골이 없기 때문이다. 그러니 음경골로 만들었다면 어쨌든 갈비뼈 개수가 현재처럼 쌍으로 잘 맞는 것도 설명이 되고, 음경골을 빼내 써 현재 없는 것이되니 일견 그럴듯하지 않은가. 더욱이 성기라는 상징적 의미도 있으니, 약간은 로맨틱한 구석도 있다. 여전히 남성에게서 여성이 나온다는 가부장적 설정은 달라지는 게 없지만, 성적 통제권을 여성에게 쥐여 주었으니 진화(성선택)적 측면에서도 그럴듯한 메타포고.

아무튼 갈비뼈든 음경골이든 간에 아담과 이브는 모든 것이 풍족한 에덴동산에서 노동하지 않고 행복하게 살았다. 신은 그들에게 모든 것을 허락했지만, 선악을 알게 하는 열매만은 먹지 말 것을 명령했다. 신은 선악과를 먹으면 "바로 그날 죽을 것"이라 협박했다. 하지만 코끼리를 생각하지 말라고 하면 코끼리만 생각하게 되듯이, 아담과 이브는 선악과에 호기심을 갖게 된다. 그때 뱀이 이브에게 다가와 "선악과를 먹어도 죽지 않으며, 신은 자신과 같은 힘을 너희에게 주기 싫어 먹지 말라고 한 것"이라며 유혹한다(뱀 역시 성적인 코드로 남성 성기에 대한 은유로 읽을 수 있다). 결국 꼬임에 넘어간 이브는 선악과를 따 먹고 아담에게도 먹인다.

화가 난 신은 아담과 이브를 에덴동산에서 추방한다(뱀의 말대로 죽이진 않았다). 이로써 아담과 이브 그리고 그의 후손들은 노동과 고통, 죽음을 피할 수 없게 되었다. 반면에 선과 악을 알게 되어 선택의 자유를(선을 선택할 것인지, 악을 선택할 것인지) 누리게 되었다. 물론 섹스의 즐거움도 알게 되었고, 피임법을 몰랐으니 많은 자식을 거느리게 되었다.

기독교에서는 선악과 먹은 것을 '인간의 원죄'로 여겨, 이후 태어난 모든 인간이 이 원죄를 지니고 있다고 설명한다. 반면 이슬람교에서는 이것을 원죄라기보다는 '어떤 인간도 완벽하지 않다'는 것을 보여 주는 사건 정도로 받아들인다. 물론 원죄가 없다고 해서 이슬람교가 사람을 더 긍정적으로 바라보는지는 모르겠지만 하여튼, 교리상은 그렇다.

개인적 의견을 덧붙이자면 성적 즐거움과 고통 없이 영생을 누리느니, 성적 즐거움과 고통을 알고 짧게 사는 것이 더 좋은 거 아닌가 싶다. 2018년에 나온 스코틀랜드의 최고령 할머니 인터뷰 기사를 보면, 그녀는 장수 비결로 '평생 남자를 멀리하고 한 번도 결혼하지 않은 것'을 꼽았다. 이 기사 댓글 중 추천을 가장 많이 받은 건 '연애를 안 하고 오래 사느니 그냥 연애하고 빨리 죽고 싶다'였다. 그러니 지상으로 쫓겨난 것이 꼭 저주는 아닌 것이지. 아무튼 연애를 하지 않고 그로 인한 스트레스를 받지 않는다면 확실히 오래 살 것 같기는 하다. 그만큼 연애는 삶의 고통과 스트레스에서 많은 지분을 가지고 있다.

유대 신화에는 아담과 이브 외에 세 번째 인물인 '릴리트'가 등장한다. 릴리트는 아담의 첫 번째 아내로 묘사되는데, 아담과 함께 만들어졌으며 동등한 존재로 여겨진다. 릴리트는 성관계를 할 때 남성이 늘 위에 있는 것(아담은 정상위만 했다. 기독교에서는 꽤 오랜 시간 정상위 외의 체위를 음란하다는 이유로 금지했다)과 아담이 원하면 무조건 성관계에 응해야 한다는 것(정상위만 하는 주제에 부부 강간까지……)에 불만을 품고 홍해로 도망간다. 그녀는 사막에서 혼자 살면서 많은 남성을 유혹했으며, 버전에 따라서는 악마와 관계를 맺고 악마의 어머니가 되기도 한다. 그리고 그 악마가 이브를 유혹한 뱀이라는 설정도 있다.

릴리트 스토리가 등장한 것은 여성의 탄생에 대해 〈창세기〉의 1장과 2장의 설명이 다르기 때문이다. 1장에서는 '남성과 여성을 함께 만들었다'고 했다가, 2장에서는 '아담을 재운 다음 그의 갈비뼈로 이브를 만들었다'고 나온다. 사실 성경 자체가 여러 서술자가 작성한 것을 취사선택한 것이기에 이런 오류가 종종 나온다. 어차피 지어 낸 이야긴데 앞뒤가 다른 게 대수겠는가. 하지만

오류는 상상력을 자극했고, 사람들은 1장과 2장 사이에 다른 신화에 존재하던 인물인 릴리트를 끌어들여 이야기를 확장했다.

릴리트는 남성과 동등한 지위를 주장하며 자유를 찾아 나선 점, 여성 혼자 독립적으로 산 점, 기존 가치관을 거부하고 스스로 악마가 된 점을 들어 '최초의 페미니스트'라고 평가하는 이들도 있다.

우리는 이런 신화를 통해 성경이 쓰일 당시 사회의 가치와 성 문화를 엿볼 수 있다. 남성과 동등한 여성(릴리트)을 쳐 내고 남성의 부속물인 여성(이브)을 파트너로 정한 것은 가부장적 일부일처로의 시대 전환을 의미한다.

폼페이 유적이 말해 주는 것

하지만 신화가 만들어질 당시에는 이런 분위기가 명확하지 않았다. 고대 이집트도 그렇지만, 당시에는 가부장제와 자유로운 성 문화가 공존했다.

기원전 89년 로마의 지배하에 들어간 폼페이는 이후 로마화가 급격히 진행된 도시 중 하나다. 그런데 79년에 화산이 폭발하면서 도시 전체가 묻힌다. 18세기에 폼페이가 발굴되기 시작했는데, 고고학자들에게 가장 큰 충격을 준 것은 그대로 묻힌 시신

«« '최초의 페미니스트'라 불러도 될 릴리트. 〈The Sin〉, Franz von Stuck(1863~1928)

섹스를 오락으로 즐긴 폼페이 사람들. 스리섬 정도야……

이 아니라 적나라하게 묘사된 성생활 벽화와 조각상이었다. 목욕
탕이나 유곽에는 성행위 장면이 그대로 그려져 있고, 발기한 남
성 성기 조각상이 집집마다 세워져 있었다. 심지어 사람이 염소
와 성관계를 맺고 있는 대리석 조각상도 발견되었는데, 사람들은
너무 놀란 나머지 발견 즉시 궤짝에 넣어 밀봉해 버렸다. 보수적
인 기독교인들은 문화유산을 긁어 내고 파괴했으며, 파괴하지 않
은 것들은 비공개를 조건으로 나폴리 고고학 박물관과 영국 박
물관으로 보냈다. 그중 일부는 2002년이 되어서야 공개됐다.

폼페이 유적을 보면, 기독교 입장에서는 문란한 성생활이 당
시에는 평범한 행위였음을 알 수 있다. 즉, 종교는 사회를 통제하
고 가부장을 중심으로 한 일부일처제를 공고히 하기 위해 향락
적 분위기를 멀리하고 금욕을 선인 것처럼 신화를 구성한 것뿐
이다. '안전제일'이라는 문구가 붙어 있는 곳은 안전하지 않은 것

가장 공적인 연애사

처럼, 신화에서 일부일처와 순종적인 여성, 가족을 부양하는 아버지 등을 묘사하는 것은 당시에는 그렇지 못했다는 뜻임과 동시에 앞으로 그런 방향으로 나아가겠다는 의지를 드러내는 것이다.

나쁜 기운을 막기 위해
상점 밖에 내건 남근 부조

마리아는 왜 동정녀여야 했을까

"간음하지 말라."

모세가 신에게서 받은 십계명 중 하나다. 간음은 결혼 관계가 아닌 사람과 성관계를 맺는 행위를 뜻한다. 역시 앞에서 말했듯이 당대에 자유로웠던 성문화에 대한 반발에서 나온 규율로 보이며 일부일처제 확립과 재산권 보호에 기여했을 것이다.

기독교는 간음뿐 아니라 성관계 자체를 좋지 않게 여겼다. 이런 사고를 극단적으로 드러내는 것이 마리아가 섹스 없이 예수를 임신했다는 동정녀 설정이다. 사실 그녀는 처음부터 동정녀는 아니었다. 초기 예수에게는 성령 대신 요셉이라는 멀쩡한 아버지가 있었다.

예수는 사회를 비판하고 약자를 끌어안는 혁명가적 모습을 보였다. 그는 사람들을 안심시키기 위해 자신을 '신이 보낸 구원자'라 칭했다. 따르는 사람들이 더 늘어나자 이번에는 '신의 아들'이라 주장하기 시작했다. 지금의 한국도 그렇지만, 힘든 시기에는 신의 아들이라 자칭하는 사람이 자주 등장한다. 당시 중동 지역에서는 예수 외에도 열두 명의 선지자가 있었다. 예수의 주장도 비유적 표현으로 보는 것이 합리적이었겠지만, 예수의 제자인 마태와 루가(그리고 지금까지 수많은 교인)는 이 말을 진지하게 받아들였다. 예수가 십자가에 처형당한 뒤, 그들은 예수가 동정녀 마리아의 몸에서 성령으로 잉태했다고 주장한다. 쓸데없이 진지하게 생각해 보면, 생물학적으로 성령을 잉태하는 데는 몇 가지 경우의 수가 있다.

1. 신의 정자와 마리아의 난자가 수정한 경우: 이때 문제는 신이 마리아를 사실상 강간했다는 것이다(심지어 마리아는 당시 청소년이었다). 또한 신을 남자로 상정하므로 성차별적 요소가 있다.

2. 마리아의 난자와 요셉의 정자가 합쳐진 수정란에 신이 끼어들어 셋의 유전자가 들어간 경우: 마리아와 요셉이 관계를 가졌다고 가정하기 때문에 동정녀 콘셉트에는 맞지 않지만, 가장 그럴듯하다. 다만 생명체의 경우 세 명의 유전자가 섞일 수 없다는 문제가 있지만……. 뭐, 신이니까 어떻게든 했겠지.

3. 그냥 마리아의 몸에서 신이 혼자 무성생식한 경우: 마리아의 신체를 인큐베이터로 이용한 것으로, 마리아의 처녀성을 지킬 수 있는 설명이다. 다만 이 경우 신은 비도덕적이라는 비난을 피할 수 없다. 종교

성경이 사실이라면 세계 최초의 대리모였던 마리아.
⟨Pietà⟩, Michelangelo Buonarroti(1475~1564)

계는 대리모 제도를 철저하게 반대하기 때문이다. 그리고 전지전능한 신이 왜 굳이 마리아의 희생을 강요했는지도 모를 일이다.

마리아를 동정녀라 부르고 요셉을 양부라고 하는 것으로 보아 기독교에서는 1번 내지 3번의 해석을 받아들이는 것 같다. 아이까지 낳은 어머니를 굳이 동정이었다고 강조하는 이유는 기독교가 성행위를 죄로 보기 때문이다. 예수님은 죄가 없음에도 인

간의 죄를 모두 떠안고 십자가에 못 박히는 설정인데, 연좌제 개념이 남아 있던 시대인지라 어머니인 마리아도 죄가 없어야 했고 그러니 동정이어야 했다.

예수는 부모에게서 독립한 이후 열두 명의 남성 제자들을 달고 다녔기에 제대로 연애할 틈이 없었을 것 같다. 물론 한 성으로 이루어진 공동체니 아름다운 BL물도 가능하겠지만, 신성모독이 되므로 더는 말하지 않겠다. 예수가 한 여성(막달라 마리아)과 성관계를 맺었을 것이라는 가설은 오래도록 존재해 왔는데, 이를 차용한 것이 댄 브라운의 소설 《다빈치 코드》다.

예수의 말씀을 전파하는 데 일생을 바친 사도 바울은 코린트 사람들에게 보낸 편지에서 '음란한 자, 우상을 숭배한 자, 간음하는 자, 여색을 탐하는 자, 남색을 하는 자는 하느님의 나라를 차지하지 못할 것'이라 썼다. 또한 그는 결혼을 '성적 욕망을 절제하지 못하는 나약한 자들의 어쩔 수 없는 해결책'으로 여겼다. 로마 사람들은 이 금욕주의자의 말을 무시했고, 선동죄를 씌워 그를 공개 처형한다.

4세기 신학자 아우구스티누스는 기독교 성도덕에 가장 큰 영향을 끼친 인물이다. 《고백록》에 고백했듯이 그는 젊은 시절 성욕을 마음껏 발산하며 살았다. 열다섯 살에 섹스를 시작했고, 열

««« 성 버나드는 꿈속에서 성모의 모유를 받아먹고 성인이 된다. 마리아는 종종 성적으로 소비됐다. ⟨Saint Bernard and the Virgin⟩, Alonso Cano(1601~1667)

일곱 살에 만난 연인과 한 명 이상의 아이를 낳았다. 그런데 서른 네 살에 기독교로 개종하면서 갑자기 이전의 자기 행위가 더러웠다며 자책하고 괴로워한다(당시 서른넷이면 즐길 거 다 즐긴 나이인 거 같긴 하지만). 그는 괴로움 끝에 '성욕은 신과 아무 상관없는 악마의 작품'이라는 결론을 내렸다. 또 이브가 선악과를 깨물기 전, 즉 낙원에는 성욕이라는 것이 없었다며, '성욕으로 인해 인간은 낙원에서 쫓겨나 죽음을 맞고 죄악을 저지르게 됐다'고 주장했다. 아우구스티누스 이후 수많은 성직자와 신학자가 여성을 욕망을 참지 못하는 열등한 존재로 묘사했다.

동정녀 마리아가 정설로 받아들여지기 시작한 것도 이 무렵이다. 흥미로운 점은 구교(가톨릭)와 신교(개신교)의 동정 콘셉트가 살짝 다르다는 것이다. 구교에서는 예수 탄생 이후에도 마리아가 동정을 지켰다고 주장하고, 신교에서는 요셉과 부부생활을 이어갔다고 주장한다. 대체 이게 뭐가 중요하다고 논쟁을 벌이나 싶지만, 여기에는 나름의 이해관계가 얽혀 있다. 마리아를 성인으로 보는 구교에서는 마리아를 평생 순결을 지킨 사람으로, 마리아를 깎아내린 신교에서는 그녀를 일개 여성으로 보는 것이다.

가부장제를 바탕으로 만들어진 종교와 그 종교를 바탕으로 세워진 사회는 모두 여성 혐오적일 수밖에 없는데, 기독교와 이슬람교(이 둘은 형제 종교다)가 유독 심하다. 이 때문에 서구에서는 이후 사회에 문제가 발생할 때마다 모든 것을 '마녀'에게 덮어씌우게 된다.

단명의 시대,
밤은 뜨거워

"검은 머리가 파뿌리 될 때까지……."

주례자의 단골 멘트다. 여기서 파뿌리가 된다는 건 나이가 들어 머리카락이 하얗게 샐 때까지를 의미하기도 하고, 죽어서 백골이 될 때까지라는 의미이기도 하다. 아무튼 죽음이 갈라놓기 전까지 부부로 잘 살라는 뜻이다. 서른에 결혼을 한다고 쳤을 때, 죽음이 갈라놓을 때까지 함께 산다면 그 기간은 얼마나 될까? 20년? 40년? 60년? 사람마다 다르겠지만 얼마가 됐든 이는 매우 긴 시간이고, 특히 잘 맞지 않는 사이라면 지옥이 따로 없을 시간이다. 그래서 꽤 많은 부부가 이를 버티지 못하고 이혼을 한다.

그렇다면 이혼이 불가능했던 중세의 부부들은 이 긴긴 세월을 어떻게 버텼을까? 정답: 버틸 필요가 없었다.

중세 남성들은 수많은 전쟁에 끌려 다녔다. 그리고 전쟁터에서 목숨을 잃었다. 특히 11세기 십자군 전쟁이 시작된 후로는 상황이 더 심각해졌다. 그럼 전쟁에 나가지 않은 여성들은 오래 살았을까? 남성이 전쟁터에서 살아 돌아오면, 부부는 언제 또 만날지 몰라 뜨거운 밤을 보냈다(혹은 남편이 떠난 사이 누군가 부인을 덮쳤다). 이 때문에 여성은 평균 16개월마다 임신을 하고 출산을 했다. 의학 지식이 부족하고 위생이 불량했기에 출산 중에 목숨을 잃는 여성이 많았다.

즉, 중세에는 남녀 모두 쉽게 죽었기에 부부가 되어도 함께 사는 기간은 평균 8년밖에 되지 않았다. 그러니 성격 차이고 뭐고 그걸 느낄 틈도 없었다. 중세에는 과부와 홀아비가 발길에 차일 정도로 흔했으며, 당연히 재혼도 흔했다. 우리의 편견과 달리 중세에는 여러 명의 사람과 결혼하는 일이 일상적이었다. 물론 그러자면 파트너가 죽어야 했지만 말이다.

파트너가 빨리 죽었기에 가족이 더 중요했다. 파트너가 없어도 누군가는 나를 보호해 줘야 하기 때문이다. 여기서 가족이란 근대적 4인 가족이 아니라 대가족을 뜻한다. 가족과 일가친척, 그리고 그들이 부리는 노예까지 모두 포함하는 대규모 집단이다. 개인은 가족의 대를 잇는 갈아 끼우는 부품처럼 여겨졌다. 특히 재물과 권력을 지닌 귀족 집안의 젊은 여성은 값비싼 소품이었다. 유산을 안전하게 보호하기 위해서 가족이 결혼을 주선하고 결정했다. 그러니 결혼에 개인의 선택이 끼어들 자리가 없었고, 그렇게 집안 어른이 심사숙고 끝에 정해 준 짝도 8년 뒤면 사라졌다.

가장 공적인 연애사

비단 중세뿐 아니라 가부장제가 뿌리내린 대부분 문화권이 이런 형태의 결혼을 하고 가족을 가졌다. 심지어 중국에서는 죽은 남자와 결혼하는 일명 '영혼 결혼'이 이뤄지기도 했다. 어차피 중요한 건 가문이었지, 남편이 아니었으니까. 일부 여성과 그의 가족들은 명문가의 이름을 얻기 위해서 산 남편 따위는 과감히 포기했다. 19세기 청나라에서는 큰돈을 번 여성 상인들 사이에서 이 영혼 결혼이 유행했는데, 외부 활동을 간섭할 남편은 없는 데다 명문가의 이름은 장사에 도움이 되었기 때문이다.

중세 교회는 애정 없는 결혼을 오히려 권장했다. 또한 오로지 자녀 출산을 위한 섹스만이 옳다고 가르쳤으며, 체위는 정상위만을 강요했다. 부부간 애정조차 좋게 보지 않았다. 아우구스티누스는 "아내를 너무 사랑하는 남자는 간통죄로 처벌받을 수 있다"고 말했다. 안 그래도 의무적으로 사는데, 교회까지 정을 쌓는 게 나쁘다고 하니 정을 쌓을 리가 있나. 특히 각 방을 쓸 수 있을 만큼 집이 넓었던 상류층에서 이런 현상이 두드러졌다. 귀족 부부는 서로 내외하며 서먹서먹하게 지냈다. 사람들은 욕망을 절제하기 위해 피를 뽑았고(몸에서 뜨거운 피를 뽑아내면 욕망을 다스릴 수 있다고 여겨서), 그래도 욕망이 일면 고행을 하며 버텼다.

하지만 아무리 그래도 성적인 욕망 자체가 사라질 순 없다. 남편이 전쟁터로 떠난 부인들은 성당을 찾았고, 사제들과 함께 즐거운 시간을 보냈다. 오갈 데 없어진 과부들은 사제와 동거 생활을 하기도 했다. 물론 들통나면 사형까지 당할 수 있는 중범죄였으므로 종교적 활동으로 포장해 만났다. 이도 여의치 않은 사제들은 매춘부를 찾기도 했다. 11세기 사제의 결혼이 종교법으로 금지되면서 이런 현상이 더 뚜렷해진다.

이 시대 여성에게 순결과 정절이 강조된 것에 비해 사제가 아닌 남성은 성적으로 자유롭다 못해 방종했다. 강간을 저질러도, 그 대상이 귀족 여성만 아니라면 사실상 아무 처벌도 받지 않았다. 특히 남편을 잃고 혼자 사는 여성이 주 타깃이었는데, 성폭력이 만연해지자 여성들은 이를 피해 수녀원에 들어갔다. 그래서 이 시기 수녀원이 급격히 늘어난다.

남성들은 공공연히 유곽을 찾아 매춘을 했다. 교회에서는 매춘을 장려했는데, '매춘을 해야 남편의 거친 욕망이 잦아들어 정숙한 아내들의 순결을 지킬 수 있다'고 생각했기 때문이다. 곧 매춘은 거대한 시장을 형성했고, 경제력이 약한 지방 도시와 수도원의 자금줄이 된다. 교황 식스토 4세(재위 1471~1484)는 교황청의 재정을 위해 직접 유곽을 사들여 운영했다. 식스토 4세는 이 수익으로 대형 성당을 짓는데, 바티칸의 메인 성당이자 가장 화려한 성당인 시스티나 대성당이다. 식스토 4세는 이 성당을 성모 마리아에게 봉헌했다. 창녀로 벌어들인 돈을 성녀에게 바치다니 이것이 적당하다고 해야 할지 아이러니하다고 해야 할지 모르겠다.

전족과
페티시들

중국에는 북송 시대(기원후 1000년경)부터 20세기 초반까지 전족이라는 악습이 있었다. 아마 역사 시간에는 발을 작게 만들기 위해 어렸을 때 발을 동여매는 것 정도로 배웠을 것이다. 하지만 이건 어디까지나 학생들이 상처받지 않게 하려고 순화시킨 설명이다. 현실은 훨씬 더 잔혹했다. 자신이 없다면 다음 문단과 사진은 통으로 건너뛰길 바란다.

실제 전족은 이렇게 이루어진다. 여자아이가 다섯 살 정도 되면 엄지발가락을 제외한 나머지 발가락을 발바닥 쪽으로 꺾는다. 뼈를 부러뜨려 반으로 접는다고 생각하면 된다. 그리고 발이 더 커지지 않게 천으로 동여맨다. 2년 정도 억지로 많이 걷게 해서 발가락 관절에 상처를 내고 다시 뼈를 부러뜨린다. 그걸 주기적으로 반복하면 뼈가 곪아서 연해지는데, 계속 강하게 동여매서 점점 크기를 작게 만든다. 당시 제대로 된 약이 없었으므로 이 과정에서 일부 소녀는 패혈증이나 합병증으로 죽었다. 전족이 완성되기까지는 3년이 걸린다.

전족의 엑스레이 사진을 보면 뼈 자체가 발등 쪽으로 둥글게 휘어 솟아올라 있다. 발 사이즈가 그냥 작아지는 것이 아니라, 여기저기 발가락과 발꿈치가 뒤틀려 기괴한 형상이 되는 것이다. 당연히 전족을 한 여성은 제대로 걷지 못해 평생 지팡이 신세를 져야 했으며, 해당 부위가 곪고 썩어서 악취를 달고 살아야 했다.

이렇게까지 자세히 이야기하는 이유는 전족이 비인간적이고 잔혹한 행위였다는 것을 명확히 하기 위해서다. 그래야만 뒤에 하려는 이야기가 이 악습을 옹호하는 것이 아님을 알 테니까.

전족은 비이성적이며 반인륜적이지만, 1000년 동안이나 자행됐다. 17세기 중국을 제패하고 청나라를 세운 여진족은 자신들 눈으로는 도저히 이해되지 않는 이 악습을 없애려고 강력한 금지 정책을 벌였다(하긴 누구의 눈에 이해가 됐겠나). 그런데 전족은 사라지기는커녕 오히려 여진족 여성들에게까지 퍼진다. 당시 중국인들은 전족을 하면 문명인, 하지 않으면 야만인이라 불렀다. 대체 중국인들은 왜 전족이란 걸 만들었을까?

미스터리한 전족의 목적

전족의 시작은 당나라 때로 거슬러 올라간다. 당시 서방의 한 소수 민족 여성들이 발끝으로 추던 춤이 중국 본토에서 유행했는

가장 공적인 연애사

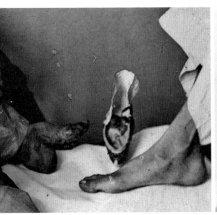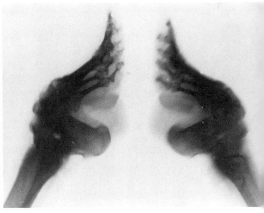

전족으로 뒤틀린 발과 뼈

데, 이 춤에는 작은 발이 어울렸고, 이를 위해 발에 천을 동여매기 시작했다. 발레의 토슈즈를 생각하면 된다. 그런데 어느 순간부터 이 작은 발 자체에 경쟁이 붙으면서 걷지도 못하는 전족이 자리 잡게 된다.

그럼 춤도 못 추게 됐는데 왜 계속 전족을 하게 되었을까?

과거에는 단순히 여자들을 도망치지 못하게 하려고 그랬다고 생각했다. 전근대 사회의 여성 혐오를 생각해 보면 그럴 수 있겠다 싶지만, 사실 가부장 사회에서는 여성이 남성에게 헌신하도록 사회화되므로 굳이 걷지 못하게 할 이유는 없다. 전족은 오히려 노동력을 감소시켜 가족 유지를 위태롭게 했으니, 이 설은 설득력이 떨어진다고 봐야 한다.

또 다른 설은 성적 매력 때문이라는 것이다. 전족을 하면 서 있거나 걷는 자세가 불안정해 마치 오리가 걷는 것처럼 뒤뚱거리게 되는데, 이런 모습이 남성에게 섹스어필한다는 것이다. 역사상 가장 섹시한 배우로 꼽히는 마릴린 먼로는 걸을 때 섹시해 보이기 위해 늘 구두 굽 한쪽을 잘라 살짝 뒤뚱거리는 모습으로 걸었다. 전족이 섹스어필했는지는 잘 모르겠지만, 조그만 발로 커다란 몸을 지탱하며 종종걸음으로 걸어야 했으므로 엉덩이와 허벅지, 음부 괄약근이 강화돼 성행위 시 남성에게 쾌감을 줬으리라는 추측도 있다.

또 다른 설은 명예 때문이라는 것이다. 전족을 한 여성은 앞에서 말했듯이 제대로 된 노동을 할 수 없어 집안의 큰 짐이었다. 하지만 달리 생각하면 일을 하지 않아도 될 정도로 부유하거나 고귀한 신분이라는 의미도 된다. 일종의 핸디캡 이론이다. 실제로 전족이 유행했을 때, 집안에 발 큰 여성을 들이는 것은 가문의 수치였다.

억압이 만든 페티시

전족은 중국에만 있는 매우 괴이한 악습이다. 하지만 섹스어필을 위해 신체를 억압하는 경우는 세계 곳곳에서 흔히 볼 수 있다. 원시생활을 하는 부족이 아름다움을 위해 목을 늘이거나 피어싱을 과도하게 하는 행위 역시 이에 속한다. 현대 사회에서도 얇은 허리와 다리를 위한 코르셋과 압박 스타킹이 있고, 반대로 풍만한 가슴과 엉덩이를 위한 뽕이 있다. 한 사회의 성적 페티시가 어떤 부위에 어떤 방식으로 생겨나는지 이유조차 불명확한 경우가 많다. 하지만 유독 공통적으로 집착하는 부위가 있다.

포르노 사이트의 발표에 따르면, 전 세계 모든 문화권에서 이성애 남성이 보는 포르노의 경우 여성의 성기와 엉덩이, 가슴 그리고 발에 집착하는 경향이 있다고 한다. 성기에 집착하는 것은 목적을 생각해 보면 당연하다 싶다. 성적 지표로 작동하는 가슴 역시 어느 정도 이해가 된다. 엉덩이도 마찬가지다. 놀랍게도 인간 외 다른 유인원은 엉덩이가 없다. 물론 부위 자체가 있긴 한데, 인간처럼 근육이 발달하고 둥근 형태를 띠고 있지 않다. 인간은 직립보행을 하면서 엉덩이가 발달했고, 그것이 일종의 성적 지표로 역할을 해 왔다.

그런데 발? 발이 여기에 낀다고? 누군가는 발을 좋아할 수 있다. 문화권에 따라 어느 부위든 성적 대상이 될 수 있다. 그런데 모든 문화권에서? 왜? 아무도 정확히 그 답을 알 수는 없다. 아마도 남성의 본능 어딘가에 발을 욕망하게 된 원인이 있을 것이다. 그렇다고 해서 모든 남성이 여성의 발에서 페티시를 느낀다는 뜻은 아니다. 사실 발에 대한 집착은 엉덩이나 가슴에 비하면 그 비율이 훨씬 낮다. 하지만 모든 문화권에서 일정 비율 발에 집착한다는 것은 흥미롭다.

전족을 얼핏 보면 마치 하이힐을 신은 것처럼 보인다. 전족에 비하면 애교 수준이지만, 하이힐도 발가락이나 발에 기형을 가져온다. 물론 '하이힐이 현대 여성 억압의 상징'이라고 딱 잘라 말

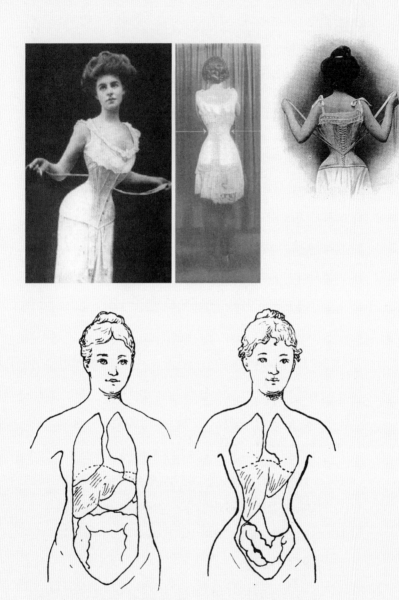

1000년 넘게 유럽 여성들을 억압한 코르셋. 코르셋은 시대에 따라 압박 정도가 달랐는데 압박이 약할 때는 소화불량이나 기절 정도의 부작용에 그쳤지만, 강할 경우에는 압력 때문에 갈비뼈가 장기를 찌르거나 장기가 내려앉아 생명을 잃기도 했다.

하기는 어렵다. 십여 년 전에 '하이힐은 여성의 자존심'이라는 말이 유행한 적이 있다. 아마도 하이힐에 탑승하면 커리어 우먼이 된 느낌을 받고 하이힐이 작은 키도 보완해 주어 여성이 자신감을 갖게 한다는 맥락에서 나온 말일 것이다. 전족도 후반부에 가면 여성들이 이를 스스로 지키려는 모습을 보였다. 전족을 하는 것이 그들의 자존심이었던 것이다. 그리고 그것이 누군가의 성적 욕망이 되고 말이지.

페티시는 일정 부분 억압의 산물처럼 보인다. 중세 시대 자신의 신체에 상처를 내던 변태적 고행이 후에 사도마조히즘으로 이어지듯 억압과 쾌락은 우리의 본능 어딘가에서 알 수 없는 방식으로 뒤틀려 있다.

로맨스의
탄생

로맨스, 프랑스어로는 로망스(Romance)라 한다. 로마(Roma)와 앙스(Ance)의 합성어인데, 로마는 로마고, 앙스는 어떤 행동이나 상태를 뜻한다. 즉, 로맨스는 '로마적인 것'이다.

고대 로마인들은 라틴어를 모국어로 삼았다. 라틴어는 매우 복잡하고 어려웠다. 그나마 로마 제국이 유지될 때는 폭넓게 사용되었지만, 제국이 붕괴되고 여러 국가로 나뉜 뒤로는 지역별로 조금씩 달라지기 시작했다. 물론 교육받은 귀족들은 여전히 오리지널 라틴어를 사용했지만, 평민들은 간소화하고 지역 특색이 묻어나는 언어로 탈바꿈시켰다. 일종의 방언인데, 귀족들은 지역마다 다른 이 방언을 로망스어로 통쳐 불렀다.

그럼 이 로맨스가 어떻게 연애를 뜻하는 단어가 되었을까?

'사랑'의 개념을 전파한 중세의 음유시인들. »»
⟨The Rose, or the Artist's Journey⟩, Moritz von Schwind(1804~1871)

가장 공적인 연애사

11세기 말에 시작된 십자군 전쟁은 이후 수백 년간 유럽을 광적인 상태로 몰아넣었다. 남성들은 신에 대한 충성과 자신의 용맹함을 과시하기 위해, 무엇보다 한몫 잡기 위해 원정길에 올랐다. 그리고 그들의 부인들은 썰렁한 성에서 독수공방해야 했다.

그때 귀부인들 앞에 음유시인들이 등장한다. 이들은 시를 읊고 노래를 불러 주고 그 대가로 돈을 벌었다. 음유시인들은 뛰어난 언변과 외모, 무엇보다 여성들을 떠받드는 매너로 귀부인들에게 큰 사랑을 받았다. 특히 남프랑스 지역의 음유시인들이 유독 인기가 많았는데, 이들을 특별히 트루바두르(Troubadour)라고 한다. 이들은 상류층이 아니었기에 로망스어로 노래를 불렀다. 이때부터 로맨스에 우리가 생각하는 의미가 붙었다.

음유시인들은 처음에는 시나 음악으로만 즐거움을 주는 존재였는데, 어느 순간부터 귀부인들과 조금 더 은밀한 사이가 된다. 사랑에 빠진 귀부인들은 값비싼 보석은 물론이고 땅문서까지 퍼다 날랐다.

트루바두르의 사랑 노래와 글은 문학으로 남았고, 귀부인들과 음유시인들의 '연애'는 일종의 문화로 자리 잡게 된다. 연애 감정에 의한 사랑이란 개념이 귀부인뿐 아니라 민중 전체로 퍼져 나갔다. 여전히 종교의 시대였고, 문화는 가부장 중심이었지만, 음유시인들이 불러일으킨 로맨스 열풍은 서서히 민중 속으로 파고든다. 그리고 근대가 시작된다.

4장. 근대 사회:
거시기에 자물쇠를 채워라!

"우린 어떻게 되죠?"
"우리는 사랑을 기원해.
구걸하고, 애원하고, 흉내 내다
찾은 줄 알고 거짓말을 하지."
"하지만 영영 못 찾고?"
"영영 못 찾지."

–잉마르 베리만의 영화 〈한여름 밤의 미소〉에서

상류층 하면
'매너'지

근대 유럽은 혼란한 시절이었다. 14세기 대유행 이후 500년간 유럽을 덮친 흑사병은 유럽 사회를 완전히 뒤흔들었다. 사람들은 신에게 구원을 빌었으나, 신은 매정했다. 신교가 등장해 구교를 비난했고, 구교도 신교를 비난했다. 신교와 구교 모두 자신들이 옳다고 주장했기에 사람들은 종교가 틀릴 수도 있다는 사실을 알게 되었고, 신의 세계에서 현실로 돌아올 수 있었다. 흑사병은 봉건제의 기반이었던 혈족과 시골 경제를 무너뜨렸다. 갈 곳을 잃은 사람들은 도시로 몰려들었다. 그리고 드디어 개인이 역사의 전면에 등장한다. 사람들은 원하든 원하지 않았든 개인이 되었다. 종교와 혈족이 억압하던 수많은 욕망이 동시에 터져 나왔다. 그중 성에 대한 욕망이 단연 첫 번째였다.

하지만 동시에 근대는 그 어느 때보다 억압적인 시기이기도 했다. 신교와 구교가 선명성 경쟁을 펼쳤고, 시민들에게 더 윤리적이기를 요구했다. 과거에는 용서되었던 많은 일이 이 시기에는 이단으로 몰렸다. 마약성 식물로 출산의 고통을 줄여 주던 산파는 마녀로 몰려 잡혀갔으며, 오늘은 사랑받던 여인이 다음 날은 광장에 매달려 불타올랐다. 개인은 탄생했으나 윤리관은 더 엄격해졌다. 왕과 귀족은 애인과 밀회를 즐겼으나, 종교적 이유로 이혼을 하진 못했다. 오죽하면 영국 왕 헨리 8세는 이혼을 위해 새로운 종교를 만들어야 했다.

차별화 전략에서 탄생한 매너

19세기 영국 귀족의 연애를 다룬 넷플릭스 드라마 〈브리저튼〉이 큰 인기를 끌었다. 코로나 19 때문에 '감금' 생활을 하던 이들은 오랜만에 제인 오스틴 풍의 19금 로맨스 드라마에 심장을 콩닥거렸다.

그런데 유념해야 할 것이 있다. 〈브리저튼〉이든 제인 오스틴의 소설이든 간에 우리가 여러 작품에서 접하는 귀족들의 연애 모습은 오랜 전통이라기보다는 18세기 이후 생겨난 것들이란 점이다. 당연히 앞에서 말한 음유시인들이 만든 로맨스의 영향을 많이 받았다. 하지만 더 근본적인 원인은 산업의 변화에 있다. 이것이 인류의 연애 풍속을 완전히 바꿔 버렸다.

귀족을 귀족답게 하는 것은 무엇일까?

가장 공적인 연애사

18세기 이전에는 이 질문을 할 필요가 없었다. 귀족은 핏줄로 정해지니까. 한번 귀족은 영원한 귀족이다. 그러므로 자신을 증명할 필요도, 열심히 살 필요도 없었다. 이들은 자유롭게 살았고, 당연하게도 방탕했다.

18세기 이전 귀족의 결혼은 우리가 생각하는 사랑이나 정서적 결합과는 거리가 멀었다. 그들은 부모나 왕이 찍어 준 파트너와 결혼했다. 그리고 출산이라는 신성한 의무를 다하고 난 후에는 자기 삶을 살았다. 부부는 인간적인 유대 관계를 맺지 않는 경우가 많았으며, 따로 사는 경우도 흔했다. 당연히 상대가 무얼 하고 다니든 크게 신경 쓰지 않았다. 남성 귀족에 한정한 말이긴 하지만, 방탕함이야말로 귀족의 상징이었다. 이익을 위해 사랑을 포기하고 애정 없는 결혼을 했다는 것이 아니라 당시에는 그냥 그런 것이 결혼이었다.

하지만 시대가 변한다. 십자군 전쟁과 전염병은 귀족의 기반이었던 지역 공동체를 붕괴시킨다. 또한 식민지 개척과 산업혁명으로 돈을 벌어들인 새로운 계급, 부르주아가 성장한다. 이들은 평민 출신이었지만 경제력만은 귀족 이상이었다. 과거에는 화려하면 귀족이었다. 돈이 많으면 귀족이었다. 하지만 이제는 귀족이 아니어도 그럴 수 있게 된 것이다.

이제 귀족이 귀족이기 위해서는 졸부들과 다른 무언가가 필요했다. 자신을 증명할 필요가 있는 것이다. 그래서 나타난 것이 바로 매너다. 영화 〈킹스맨〉의 대사처럼 매너가 사람을 만든다.

즉, 평민들은 사람이 아니…… 아무튼 귀족이 귀족이기 위해서는 매너를 갖춰야 했다. 매너라는 건 어린 시절부터 몸에 익히는 것이라 평민들은 접근하기 어려웠다. 귀족들은 자신들만의 복잡한 예법을 만들어 냈고, 이 관습에 스스로 얽매이기 시작했다. 그리고 귀족의 고결함, 일종의 도덕을 강조한다. 귀족의 사회적 의무를 의미하는 '노블레스 오블리주' 역시 이 시기에 생겨난다.

복장도 변한다. 산업혁명 초기만 해도 귀족의 의상은 화려했다. 하지만 이제는 돈만 있으면 누구나 그렇게 입을 수 있었다. 그러자 귀족다움은 정반대로 발전한다. 당시의 패셔니스타 보 브루멜(Beau Brumall, 1778~1840)을 보자.

브루멜은 문학에 조예가 깊었으며 세련된 에티켓으로 왕족의 눈에 들면서 스타가 된 인물이다. 그는 깨끗한 하얀 셔츠에 검은 코트를 입고 다녔는데, 지금 관점에서는 다소 과장되고 느끼하게 보이겠지만, 그 이전 시대와 비교해 보면 매우 검소한 스타일이었다. 물론 이런 의상은 실제로 검소와는 거리가 멀다. 생각해 보라. 세탁소나 세탁기가 없던 시절에 새하얀 셔츠에 주름 하나 없는 깔끔함이라니. 이런 의상은 화려한 의상 못지않게 손이 많이 간다. 당연히 가난한 이들은 입을 수 없다. 또한 이런 의상은 부이상을 의미한다. 과거의 치렁치렁한 귀족들의 옷은 몸매를 드러내지 않았지만, 새 귀족 의상은 몸매를 드러낸다. 즉, 몸매를 관리해야 한다. 다들 알겠지만 몸을 가꾸는 것도 재력이다. 또한 몸매는 오랜 시간에 걸쳐 만들어지므로 갑자기 부자가 된 부르주

18세기 프랑스 귀족(왼쪽)과 19세기 댄디 룩의 창시자 보 브루멜(오른쪽)

아보다 평소 관리해 온 귀족에게 더 유리한 측면이 있었다. 재밌는 건 누구보다 귀족적이고 패셔니스타였던 보 브루멜이 귀족이 아닌 평민 출신이라는 것이다. 핏줄은 귀족에게 여전히 중요했지만, 진정한 귀족 대우를 받으려면 그 이상의 상징 가치를 획득해야 했다.

사랑과 연애의 모습도 변한다. 귀족다운 매너와 품성, 프랑스에서 넘어온 로맨스 문화가 합쳐지자 드디어 근대적 의미의 사랑이라는 개념이 생겨난다. 이전 세대와 달리 19세기 사람들은 사랑이 전제된 결혼을 하기 시작했고, 파트너에 대한 충절을 지키는 것을 중요시했다. 지금 관점에서 보면 고루하기 짝이 없는 보수적인 결혼관이지만, 당시에는 혁신적인 문화였다.

이런 변화에는 당연히 경제적인 이유도 있었다. 귀족의 밑바탕이었던 농업은 지는 해였다. 사회적 부는 늘어나는데 귀족들은 점점 가난해지거나 기껏해야 현상 유지 상태였다. 그러니 재산을 보호하고 확장해 줄 귀족 집안끼리의 결혼이 어느 때보다 중요해진다. 예전처럼 결혼 이후에 방탕하게 굴 돈도 없다. 씨를 잘못 뿌렸다간 집안이 망할 수도 있었다. 즉, 이들의 자유롭고 순종적인 사랑은 당연히 귀족 간의 사랑이었다. 물론 당시에도 계급을 넘나드는 로맨티스트들은 있었지만, 다수는 아니었다. 딸 가진 부모들은 순진한 자기 딸이 이상한 놈팡이의 유혹에 넘어가지 않도록 눈에 불을 켰다. 그래서 이때의 연애는 대부분 부모의 감시망 안에서 이루어졌다. 여기서 감시는 비유적 표현이 아니라 물리적 의미다.

콘돔 챙겨 갔는데
부모님이 계시네

귀족은 영지에 뿌리를 내리고 사는 사람들이니 당연히 전국에 흩어져 살았다. 강남 부자라기보다는 지방 토호에 가까웠다. 그러니 만나려는 노력을 하지 않는 한 서로 만날 일이 별로 없다. 그런데 귀족끼리 결혼하는 것이 어느 때보다 중요해졌다. 당연히 런던 같은 대도시에는 대규모 사교계가 만들어진다.

사교계는 이렇게 굴러 간다. 매해 사교 시즌이 되면 각 지방의 귀족들에게 안내문이 간다. 그러면 귀족들은 자녀들과 함께 도시로 모인다. 직접 갈 형편이 안 되면 자녀만이라도 친척 집으로 보냈다. 그렇게 전국에서 모인 귀족 자녀들은 무도회나 파티에 참석한다. 나이를 어느 정도 먹어 처음 사교계에 발을 들이는 것을 '데뷔'라고 했는데, 이 표현은 아직도 남아 신인 연예인들이 등장하는 것을 의미하게 되었다. 당시 가십지들은 그해 새로 등장할 신인들에 대해 이러쿵저러쿵하며 먹고살았다.

사교계는 사적인 동시에 공적인 공간이었다. 귀족 자제의 만남에는 일종의 규칙이 있었다. 먼저 서로 얼굴을 보고 짧게 대화를 나눈다. 그들은 기억하기도 어려운 복잡한 에티켓으로 자신이 잘 배우고 지체 높은 귀족임을 입증한다. 사교댄스의 경우도 한 파트너와 여러 번 추는 것은 일종의 금기였다. 그런 행동은 자신의 감정을 나타내는 것으로 여겨져 부모들은 자신의 딸이 한 남자와 여러 번 춤을 추지 않도록 가르쳤다.

여성이 데뷔를 하면, 남성은 그 여성의 집을 방문할 수 있었다. 물론 무도회에서 만난 여성 측(본인이든 부모님이든)에서 공식적으로 초대한 경우에 한했다. 초대가 없어도 방문은 할 수 있었지만 예법에는 어긋났다. 그 정도로 저돌적이려면 가문이 아주 좋아야 했다. 초대를 받았다고 해서 언제든 방문이 가능한 것도 아니었다. 입구에서 하인이 "오늘은 힘들겠다", "자리에 안 계신다" 하면 다음 기회를 노려야 한다. 이런 거절이 잦아지면, 남성은 문득 자신의 사회적 위치를 돌아보고는 못 올라갈 나무를 쳐다봤다는 걸 깨닫게 된다.

'방문'은 집이라는 완전히 사적인 공간에서 이루어지지만, 부모 혹은 보호자의 감시 아래 이루어진다. 애인이 집에 오라고 해서 잔뜩 부푼 마음으로 편의점에 들러 만반의 준비를 하고 갔는데, 애인 부모님도 집에 계신 그런 상황이다. 그들은 식사를 하고, 차를 마시고, 피아노를 치고, 가벼운 게임을 했지만, 그 모든 행위는 공개적으로 이루어졌기에 우리가 생각하는 연인 간의 밀회가

가장 공적인 연애사

이루어지긴 어려웠다.

사이가 어느 정도 가까워지면 두 사람은 저택 뒤뜰이나 한적한 공원을 산책하며 둘만의 시간을 가질 수 있었다. 물론 열 걸음쯤 뒤에는 여성의 부모나 하인이 따라붙고 있었지만 말이다. '고작 산책?'이라고 생각할지 모르지만, 당시 산책 데이트는 지금으로 치면 모텔 가는 것과 비슷한 수준의 단계였다. 공공장소에서 두 사람만 산책한다는 것은 커플임을 외부에 선언하는 것과 마찬가지였다.

당시 귀족 남성들 사이에는 암묵적인 룰이 있었는데, 여성이 특정 남성과 여러 번 산책을 하거나 춤을 추는 경우에는 그 여성을 단념해야 했다. 공개적인 산책이 있었음에도 계속 수작을 거는 남성이 있다면, 그것은 상대방 남성에 대한 명백한 도전으로 결투를 신청할 사유가 됐다.

방문은 고도화된 복잡한 이벤트였다. 보이지 않는 수많은 규칙이 존재했다. 남성은 자주 와서도 안 되고, 가끔 와서도 안 됐다(보통 2주에 한 번 정도가 적당했다). 여성의 집에서는 관계의 깊이와 상대방의 중요도에 따라 다과를 준비했다. 이 모든 예법은 가정교육을 통해 전수되었고, 얼마나 교육이 잘되었던지 진짜로 둘만 있을 때도 예의 규범에 맞게 행동할 정도였다. 물론 이런 '열악한' 환경에서도 연인들은 은밀하게 신호를 주고받으며 설레고 흥분했겠지만, 우리가 보기에는 대체 무슨 의미인가 싶은 것들이었다.

저 남성은 다음에 또 이 집을 '방문'할 수 있을까.
〈The Unseen Audience〉, Vittorio Reggianini(1858~1938)

매너?
우리는 '금욕'이야!

귀족들이 그러거나 말거나 상업과 공업, 과학 기술의 발전으로 부르주아의 영향력은 점차 커진다. 19세기가 되면 바야흐로 부르주아와 중간 계층(전문직)의 시대가 열린다.

귀족이 귀족적인 문화를 만들어 갈 때 부르주아들은 무엇을 하고 있었을까? 이들 역시 귀족만큼 혹은 그 이상으로 자신들을 증명하고 싶어 했다. 돈은 벌 만큼 벌었으니 무식한 민중과 자신들이 다름을 드러내야 하는 것은 인지상정. 그래서 일부는 귀족보다 더 귀족적이었다. 앞에서 언급한 브루멜이 평민 출신이지만 누구보다 귀족적이었던 것은 평민 콤플렉스를 극복하기 위한 처절한 노력이었을지 모른다. 원래 소수자가 그룹에 들어가면 오리지널보다 더 오리지널이 되어야 하는 법이다.

하지만 대다수 부르주아는 귀족과 완전히 같아지려고 하지는 않았다. 자수성가한 입장에서 금수저 물고 태어난 귀족이 곱게 보이겠는가? 부르주아는 방탕하기 짝이 없는 귀족과 다르게 지식인이 되려고 했다. 18세기 철학자들의 사상을 자신들의 밑바탕으로 삼았다. 그들은 지적인 사교 모임을 열고, 예절에 대한 새로운 강박을 만들어 낸다. 이 예절은 귀족의 예절과는 달랐다. 우리는 부르주아 하면 흥청망청하고 명품을 두른다는 식의 이미지를 가지고 있지만, 당시 부르주아들은 관리와 절제라는 독특한 정신 상태를 가졌다. 그들은 이성을 강조하고 욕망을 통제했다. 이런 특징은 위험하고 뒤죽박죽인 삶을 사는 하류 계층과도 달랐고, 노동으로부터 자유로워 실제 삶마저 자유로웠던 귀족들과도 달랐다. 귀족이 낭비한다면 이들은 오히려 소박과 절제를 강조했다.

육체적 쾌락에서도 마찬가지다. 부르주아가 사회 주류가 되자 절제를 미덕으로 하는 성관념 역시 주류가 되어 전 계층으로 퍼져 나간다. 1899년 발간된 스타프(Staffe) 남작 부인이 쓴《상류 사회의 예법(Usages du monde)》에는 "올바른 사람은 자신이 육체를 가지고 있다는 것을 다른 사람이 잊어버리도록 행동해야만 한다"고 적혀 있다. 부르주아 계층의 이상은 '절제, 성실, 일부일처제'였고, 이에 걸맞은 행동은 그들에게 도덕적 우월감을 가지게 했다. 물론 실제로 이것이 실현되었느냐 하는 것은 전혀 다른 이야기지만, 어쨌든 부르주아 사회에는 그런 압력이 존재했다.

부르주아는 성욕을 수치스러운 병으로 취급했다. 의사들은 욕망을 발산하려는 자를 정신질환자로 몰아 이상한 치료를 자행

보고 있나, 귀족들. 독서 중인 한 부르주아의 초상. 부르주아들은 상류층과 자신들을 구별 짓기 위해
이성, 절제 등을 중요시했다. 〈Portrait of a Gentleman in a Bourgeois Setting〉, Joseph Weidner(1801~1871)

사회적으로 성욕을 억압하려던 부르주아와 꿍짝이 잘 맞은 의사들.
사실 이들 역시 대부분 부르주아였으니까. 〈The Doctor〉, François-Adolphe Grison(1845~1914)

했다. 이런 치료는 히스테리와 트라우마를 낳아 진짜 치료가 필요한 환자를 양산했고, 다시 이를 치료하기 위해 프로이트와 그의 추종자들이 등장한다. 개인이 발견되면서 모든 욕망과 아울러 성적 욕망도 발현된 것인데 20세기 중반까지도 성욕은 사회적으로 철저히 억압받았다. 개인의 욕망과 사회적 이상향의 충돌은 자유로우면서 동시에 금욕적인 이중적 가치를 만들어 냈고, 그 영향은 지금까지도 이어지고 있다.

의사들은 자위를
하지 말라고 하셨어

19세기에 등장한 현대 의학은 이런 분위기를 더욱 부채질했다. 의학은 과학이고 과학의 권위는 명확한 실험과 자료에 근거해야 한다. 하지만 세상 일이 어디 마음먹은 대로 되는가. 의사들 역시 대부분 부르주아와 중간 계층이었고, 누군가의 남편이자 아버지, 오빠와 아들이었다. 그들은 자신들이 배운 신념에 따라 성을 집요하게 감시했다. 그들은 성에 관한 기독교의 오래된 죄의식을 끄집어내서 '건강'이라는 형태로 리폼했고, 이 골동품은 과학의 탈을 쓰고 새로운 것으로 받아들여졌다. 교회가 사람들을 억압하는 힘은 점점 줄어들었지만, 의학은 이교도와 불신자들에게조차 금욕을 강압할 수 있는 무기가 되었다. 사람들은 죄 지은 이들이 고해 신부를 찾듯 의사를 찾아가 자신의 사생활에 대해 고백하고 참회했다. 당시 의사들은 사람들에게 이렇게 충고했다.

성관계는 생리 기간, 그리고 수유하는 동안에는 중단되어야 합니다. 욕망을 억제하기 위해 춤, 음란한 복장, 키스, 애무 같은 행동은 피하세요. 아내들이 성에 눈뜨게 되면 신경에 문제가 생기니 남성들은 아내를 욕망에 빠지게 해서는 안 됩니다. 쉰이 넘은 남성에게 육체적 쾌락은 죽음을 불러올 수 있으니 자제해야 합니다.

《남녀의 비뇨기와 생식기 질환에 관한 실용적 논문(A practical treatise on diseases of the urinary and generative organs in both sexes)》이라는 제목만 봐도 굉장히 전문적인 학술서를 쓴 의사 윌리엄 액턴(William Acton, 1813~1875)은 이렇게 충고한다.

정상적인 아내는 성적 욕망이 없으며, 오직 남편의 즐거움을 위해 순종해야 한다. 아이들과 집안을 돌보는 것이 아내들이 느끼는 유일한 열정이다. 부부의 성욕을 줄이는 최고의 방법은 아내가 2년마다 임신하는 것이다. 임신한 열 달 동안, 그리고 수유기 동안 여성은 크게 성욕을 느끼지 않는데, 이것이 남편의 욕망도 가라앉히기 때문이다.

당시 의학은 여성을 남성의 전유물로, 그리고 아이 낳는 기계로 만들었다. 의사들은 성이 근본적으로 위험하고, 여성과 남성이 성적으로 완전히 다르다고 주장했다. 남성은 뜨거운 토끼지만 여성은 훨씬 차갑고 부드럽고 섬세하다고. 의사들은 이 차이를 극복하고 부부생활을 유지하기 위한 방편으로 남성에게 규칙적으로 창녀를 만나서 성욕을 해소할 것을 권유했다. 그래야 정숙한 부인을 남편의 성적 욕망으로부터 보호할 수 있다는 것이다.

독일의 정신과 의사 리하르트 폰 크라프트-에빙(Richard von Krafft-Ebing, 1840~1902)은 1886년에 출간된 《광기와 성(Psychopathia Sexualis)》에서 "남성은 성의 지배를 받는 존재니 어디에서든지 만족을 찾을 수 있다"고 말한다. 한마디로 (꼴리면) 언제든지 성매매를 통해서라도 욕망을 해소하라는 것이다. 남성을 비하하는 것 같지만, 사실은 매춘을 합리화한 것이다. 반면 아내는 자신의 주인인 남편 이외의 상대를 만날 수 없었다. 중세와 달라진 것이 전혀 없었다. 기존의 관념이 오히려 과학이라는 이름으로 더 강화됐을 뿐이다.

지옥에 대한 두려움은 건강과 죽음에 대한 두려움으로 대체됐다. 두려움은 불안을 만들어 냈고, 의학은 이번에는 이 불안을 치료한다며 온갖 엽기적인 치료법을 개발했다. 이런 정신착란증 같은 사회에서도 사람들은 연애를 하고 사랑을 나눴지만, 그와 동시에 죄책감에 시달렸다.

이런 분열증적 현상은 세대를 지나면서 상식으로 자리 잡는다. 18세기 프랑스 사람들은 강에서 아무렇지 않게 벌거벗고 목욕을 했는데, 19세기에는 실수로라도 맨살이 드러나는 것을 수치로 여겼다. 사람들의 치마 길이는 점점 길어져 바닥을 쓸고 다녔고, 정숙한 아내는 남편 앞에서도 옷을 벗지 않았다. 심지어 샤워도 옷을 입고서 했다. 영국에서는 성관계를 할 때 옷을 완전히 벗는 것을 음란하다고 여겼다. 섹스는 부부의 의무였지 사랑을 나누거나 쾌락을 위한 것이 아니었다. 나체로 섹스를 하는 것은 홍등가에서나 가능한 일이었다.

금지는 환상을 만들어 낸다. 페티시에 빠진 영국인들은 여성의 맨다리와 맨발에 환장했다. 런던은 그때나 지금이나 비가 많이 왔는데, 진창을 걷기 위해서 여성들은 종종 긴 치마를 들어 올려야 했다. 그런데 남성들은 그 찰나에 보이는 맨살에 찬사를 날리며 욕망을 드러냈다.

당시 포르노그래피의 가장 에로틱한 장면은 섹스를 한 다음 남성이 여성의 남은 옷을 벗겨 나체로 만드는 것이었다. 보통 현대의 포르노에서는 남성이 여성에게 사정을 하는 순간이 클라이맥스고, 최후의 순간이다. 그런데 당시에는 옷을 벗기는 것이야 말로 그 여성을 굴복시키는 행위라 여겨 사정보다 더 나중에 이루어졌다.

나신은 오직 신에게만 인정되었다. 이 시기 그려진 여신 그림은 일종의 합법적인 포르노였다. 많은 화가가 여신의 체모는 그리지 않았는데, 체모가 동물적인 욕망을 나타낸다고 생각했기 때문이다. 여신의 모습만 보고 자란 올바른 남성들은 첫날밤에 아내의 성기에 잔뜩 난 체모를 보고 충격을 받았으며, 이 때문에 기절한 남성도 있다고 한다. 이런 문화는 (다소 위험한 말이지만) 체모가 없는 어린 소녀에 대한 집착으로 연결됐다. 어쩌면 지금 우리는 이런 맥락에서 제모를 하고 있는지도 모른다.

가장 공적인 연애사

정조대는 필수품

오랫동안 유럽 사회에서 성적 욕망은 일종의 범죄였다. 물론 성교를 한다고 해서 체포한 것은 아니지만 사람들은 죄책감을 느꼈다. 성은 수치스럽고 불안하고 견디기 힘든 것이었다. 특히 자위에 대해선 사회 전체가 광적인 공포를 보였다.

몽펠리에 대학교 의학박사였던 티소(Samuel-Auguste Tissot, 1728~1797)는 1758년 출간한 《오나니즘(L'Onanisme)》에서 "정기적으로 정액을 낭비하는 일은 신체를 돌이킬 수 없이 상하게 만들고, 뇌에 해로운 긴장을 지속시켜 우울증, 강경증, 정신박약, 감각 상실을 일으키며 최대 사망에 이르게 한다"고 주장했다. 이 책에는 아래와 같은 사례가 등장한다.

> 시계 제조공 LD는 매우 건강했다. 하지만 열일곱 살부터 자위를 했고, 이 나쁜 짓을 하루에 세 번까지도 했다. 걱정이 된 나는 그의 집을 방문했다. LD는 너무 허약해져서 꼼짝도 못하는 상태였다. 비쩍 마르고 창백해진 그는 살아 있는 사람이라기보다는 누워 있는 송장이었다. 그는 그 타락한 짓에 온 정신이 팔려서 다른 생각은 전혀 할 수 없었다. 병이 너무 깊어서 결국 몇 주를 버티지 못하고 죽었다.

유럽 전 지역에서 자위에 대한 탄압이 시작되었다. 칼뱅파 신교도들이 처음 시작했고 가톨릭이 뒤를 이어 가세했다. 의사들은 자위가 왜 건강에 해로운지 이론적으로 뒷받침했다. 의사들이 말하니 지성인들도 그 논지를 이어받았다. 칸트조차 이렇게 말할 정도였다.

자위는 부적절하고 체력을 소모시키며 노화를 앞당기고 정신을 쇠약하게 한다. 이 사실을 아이들에게 교육해야 한다.

의사들은 자위 대신 성매매를 권장했다. 당시 매독이 유행했으니 성매매야말로 목숨 걸고 하는 도박이었지만, 그럼에도 의사들은 자위가 훨씬 건강에 해롭다고 진지하게 믿었다.

정상적인 성교를 할 때는 체력 소모가 적절하게 이루어진다. 그러나 자위를 하는 사람은 앉거나 서서 자신의 성기를 흔들며 균형을 유지한다. 이는 나머지 근육들을 긴장시키기 때문에 귀중한 에너지 자원을 낭비하게 한다. 그래서 몸은 쇠약해지고 얼굴은 창백해진다. 또한 파트너와 함께 서로 교감을 주고받으며 흘려야 할 땀이 그대로 식어 버린다. 그러다 보면 결국 몸뚱이는 고장 나고 후회와 수치감은 육체를 파멸로 이끌게 된다.
-《오나니즘》에서

소녀들의 자위는 훨씬 더 크게 비난을 받았다. 여자가 쾌락을 자급자족하는 것이 남자들의 구미에 맞지 않았다. 남자 없이는 즐거움도 없어야 했다. 성적 자유가 없던 당시 여성들에게 자위

여성들의 자위는 더 엄격히 통제되었는데 심지어 이런 홍보물이 나돌 정도였다. 1년 간 자위한 여성의 Before(왼쪽, 15세 모습) and After(오른쪽, 16세 모습). 자위 많이 하면 병에 걸린다는 협박.

는 거의 유일한 해방구였는데, 이마저도 막힌 것이다. 자위는 물론 상상하는 것도 금지됐다. 성적 환상은 남편 이외의 사람을 떠올리게 한다는 것이 그 이유였다. 신부들은 클리토리스가 죄가 크므로 자르고 불태워야 한다고까지 주장했고, 실제로 클리토리스를 잘라 내기도 했다.

하지만 어른들이 그러거나 말거나 청소년들은 자위의 유혹을 이겨 내지 못했다. 자위하다 적발된 아이는 학교에서 퇴학을 당하는 등 가혹한 처벌을 받았지만, 혼자만의 공간에서 은밀히 일어나는 일을 다 막아 내기는 역부족이었다. 부모들은 아이들의 자위를 방지하기 위해 단단한 코르셋을 입혔다. 영국에서는 성기

발기 시 가시가 성기를 찌르게 만든 자위 방지 기구.
소년들은 이런 기구를 차고 잠자리에 들어야 했고,
야한 꿈을 꾸는 순간 곧장 잠에서 깼다.

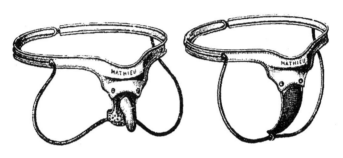

19세기 남성 정조대. 자물쇠를 채워 자위를 못하게 했다. 소변은 앞의 구멍으로 흘러
나오게 하는 식이었다. 비위생은 건강의 가장 큰 위협인데, 당시 의사들은 이를 감수
하고서라도 자위를 못하게 하려고 했다.

부위만 단단히 밀봉하는 남성용 정조대가 발명되기도 했다.

정상적인 것을 병으로 만들었으니 당연히 치료법도 찾아야
했다. 수 세기에 걸쳐 여러 치료법이 고안됐는데, 하나같이 기발
하고 사악하며 가학적이고 변태적이었다. 고해 신부는 관음증 환
자처럼 집요하게 성적인 질문을 해 대며 신자들이 저지른 행위
를 알아내려고 했다. 마음이 약해진 신자가 고백을 하면 결국 병
원으로 끌려갔다. 의사들은 각종 물약과 약품으로 자위 행위와
자위(혹은 섹스) 중독을 치료했다. 성기를 진정시킨다며 성기에 피

　　　　　　　　　　　　　　가장 공적인 연애사

를 빼는 거머리를 붙였고, 성기에 아예 손을 대지 못하도록 해당 부위에 일부러 염증을 일으켜 고통을 주기도 했다.

청교도적인 금욕을 강조했던 미국에선 유럽 본토보다 더 가혹한 방법으로 자위를 막았는데, 정부 산하의 청소년 기관은 부모들에게 "아이의 손발을 밤마다 침대에 묶어서라도 해로운 습관을 근절시킬 것"을 권장했다.

하지만 이런 노력은 사람들에게 죄책감과 히스테리, 영구적인 발기 불능만을 안겨 주었을 뿐, 성을 억압하려는 목적은 전혀 달성하지 못했다. 1948년 발표된 킨제이 보고서에 따르면 미국 남성의 99퍼센트, 여성의 60퍼센트가 자위를 해 봤다고 고백했으니 말이다.

"나를 채찍으로
때려 주세요"

나는 다시 그 야릇한 도취감에 사로잡혔다.

"나를 채찍으로 때려 주세요."

나는 애원했다.

"나를 무자비하게 때려 주세요."

그러자 반다가 채찍을 휘둘렀고 나는 두 번 얻어맞았다.

"내게 발길질을 해 주세요."

나는 그렇게 외치면서 얼굴을 땅에 대고 그녀의 발 아래에 엎드렸다.

1870년 발표된 레오폴트 폰 자허마조흐(Leopold Ritter von Sacher-Masoch, 1836~1895)의 소설 《모피를 입은 비너스(Venus im Pelz)》에 나오는 구절이다. 주인공 제페린은 조각처럼 아름다운 여성 반다를 만난다. 제페린은 반다의 미모와 분방함에 끌리고 반다도 지성과 교양을 갖춘 제페린을 사랑하게 된다. 그런데 제

가장 공적인 연애사

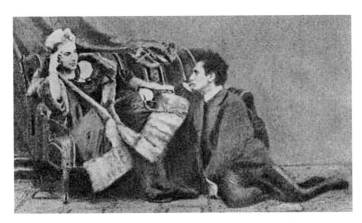

자허마조흐(오른쪽)와 그의 주인이었던 모피 코트를 입은 비너스(왼쪽). 19세기 사진임에도 지금 관점으로도 구도가 세련됐다. 진정한 힙스터들은 시대를 타지 않는다(만약 과거 사진 속 당신의 모습이 촌스러워 보인다면, 아마 지금도 촌스러울 것이다).

페린은 고통을 통해서만 성적 쾌락을 얻을 수 있었다. 그는 반다에게 자신을 발로 짓밟고 채찍으로 쳐 달라고 부탁한다. 반다는 처음에는 거절하지만 결국 받아 준다. 두 사람은 계약서를 쓰고 노예와 주인 관계가 된다.

이 소설은 작가 자허마조흐의 경험을 바탕으로 하고 있다. 실제로 그는 파니 피스토어 남작 부인과 주종 관계를 맺었다. 계약서에는 "부인의 노예가 되어 그 소망과 명령을 모두 들어주겠다"고 적혀 있다. 파니가 그를 잔인하게 다룰 때는 소설에서 반다가 그랬듯이 모피 코트를 입었다고 한다.

이 소설에는 남녀 주인공이 섹스를 하거나 전통적인 밀애를 나누는 장면이 단 한번도 등장하지 않는다. 남자가 애원을 하면 여자가 채찍질과 발길질을 할 뿐이다. 그런데도《모피를 입은 비

우크라이나 리비우에 세워진
자허마조흐 동상

너스》는 대히트를 쳤다. 당시
에는 고통당하는 걸 즐기는 사
람(마조히스트)이나 타인에게 고
통 주는 걸 즐기는 사람(사디스트)
에 대한 제대로 된 명칭도 없었
지만, 사람들은 모두 그것이 어
떤 행동인지 알고 있었다. 독자
들은 독서 모임을 만들어 이 소
설에 대해 이야기했다. 한 세기
전,《소돔의 120일(Les Cent Vingt
Journées de Sodome)》을 쓴 사드
(Marquis de Sade, 1740~1814) 후작

은 정신질환자로 몰려 감옥과 정신병원을 오갔지만, 자허마조흐
에게는 독자들의 팬레터가 쏟아졌다. 그는 사랑받는 작가였다.

가장 공적인 연애사

BDSM과 다양한 성적 실천

독일 정신과 의사 크라프트-에빙은 앞에서도 언급한 《광기와 성》에서 마조히스트와 사디스트라는 용어를 처음으로 사용했다. 고통을 당하며 오르가슴을 느끼는 사람은 자허마조흐의 이름을 따 '마조히스트'라 정했고, 타인에게 상처를 주며 쾌감을 얻는 사람은 《소돔의 120일》을 쓴 사드 후작의 이름을 따 '사디스트'라 정했다. 《소돔의 120일》에는 스카톨로지(똥, 오줌 등 배설물을 이용해 쾌락을 느끼는 행위)나 고어(극단적인 폭력, 노출, 고문, 신체 절단 등을 보며 쾌락을 느끼는 행위) 등 사디즘의 다양한 요소가 등장한다. 다만 《소돔의 120일》이 소년, 소녀 40명을 납치해서 벌인 범죄에 관한 이야기라, 합의해서 수행되는 현대의 SM 플레이와는 다르다고 봐야 한다.

BDSM이란 B&D, D&S, S&M의 합성어로 이런 성욕들을 통틀어 이르는 말이다. 다시 풀면 이렇다.

B&D 속박과 훈육

B: Bondage(본디지), D: Discipline(디서플린)

D&S 지배와 복종

D: Dominance(도미넌스), S: Submission(서브미션)

S&M 가학과 피학

S: Sadism(사디즘), M: Masohism(마조히즘)

세 관계를 구분하긴 했지만, 두 개 이상의 관계를 동시에 즐기는 커플도 많다. 지배와 복종 중 하나의 성향을 갖는 경우도 많지만, 종종 양쪽 성향을 모두 가진 이들도 있는데, 이들을 스위치(Swich)라 부른다.

억압과 쾌락의 상관관계

중세에는 마조히즘이라는 용어가 없었지만, 이런 행위는 널리 퍼져 있었다. 기독교는 금욕적인 삶을 강요했다. 하지만 단순히 금욕적인 삶은 성취감도 크지 않고 스트레스만 가중시켰다. 그렇다 보니 욕망이 일어날 때마다 자신의 몸을 학대하며 고행하는 신자들이 생겨났다. 이들은 예수와 성자들이 받은 고통을 자신에게 재현하며 그 과정에서 성취감을 느꼈다. 경우에 따라서는 상처가 날 정도로 고행을 했는데, 제대로 된 항생제가 없어 감염으로 죽는 이들도 있었다. 하지만 이들은 자신에 대한 학대를 포기하지 않았다.

여성은 더 억압을 받았기에 자신에 대한 학대 경향이 더 심했다. 사극 등에서 희화화되어 다뤄지긴 하지만, 과거 우리 어머니들이 은장도로 허벅지를 찌르며 욕망을 절제했던 것과 비슷하다(실제로 은장도는 그런 용도로 쓰이진 않았지만 말이다). 육체적 고행은 일반적이진 않

가장 공적인 연애사

지만, 공식적으로 인정되는 수행 방법으로 1997년 돌아가신 테레사 수녀나 2005년까지 교황을 지낸 요한 바오로 2세도 실천한 적이 있다.

지금도 활발하게 활동 중인 가톨릭 단체 오푸스 데이(Opus Dei)는 매일 두 시간씩 마미단(Cilice)이라는 고행 기구를 다리에 착용할 것을 권장한다. 이외에도 매일 아침 차가운 물로 샤워하기, 주 1회 채찍질하기도 실천한다. 당연히 이에 대한 비판 여론이 거세지만, 오푸스 데이는 "육체적 고행은 과거 성인들이 성화하기 위해 썼던 방법들 중 하나로 자신의 고통을 하느님께 봉헌하는 동시에 예수 그리스도가 겪었던 십자가형의 고통을 함께 겪는 것"이라고 주장하며, 자신들의 입장을 고수하고 있다.

그런데 이런 종교적 억압과 고행은 어느 순간 쾌감으로 변하게 된다. 그리고 모든 사람이 그렇지는 않겠지만, 누군가는 고행 속에서 성적 오르가슴을 느끼기도 한다.

또한 고행은 관찰자에게도 묘한 쾌감을 선사하는데, 영화 〈패션 오브 크라이스트〉는 사람들의 이런 욕망을 상업적으로 잘 포장해 보여 준다. 예수의 고행을 사실적으로 재현함으로써 포르노적 쾌감을 선사하는 것이다. 사제인 안토니오 갈로니오(Antonio Gallonio, 1556~1605)가 1591년에 쓴《순교 도구 및 다양한 순교 방법에 대한 논문(Trattato degli instrumenti di martirio e delle varie maniere di martirizzare)》은 종교적인 책이지만 일부 사람들에게는 포르노그래피로 소비됐다. 이 책의 디테일한 삽화는《모피를 입은 비너스》가

중세 말기에는 마조히즘적이고 본디지스러운…… 아니, 위대한 순교를 자세히 묘사한 책이 인기를 끌었다. 양쪽 삽화의 출처는 《순교 도구 및 다양한 순교 방법에 대한 논문》, 삽화가는 안토니오 템페스타(Antonio Tempesta, 1555~1630).

억압은 어떤 식으로든 터져 나오게 돼 있다. 중세의 어떤 이들은 종교적 억압과 고행
속에서 쾌감, 더 나아가 성적 오르가슴을 느끼기도 했다.

마미단. 안쪽으로 쇠가 튀어나와 있다. 중세에 사용된 것들은 예수가 쓴 가시면류관처럼 살을 파고들었으나, 현재 사용하는 제품은 당연한 말이지만 신체에 영구적 손상을 주진 않는다고 한다.

나오기 전까지 숨겨진 욕망을 일정 부분 충족시켜 줬다.

꼭 기독교 사회가 아니더라도 사회가 굴러가려면 어느 부분에서는 억압이 발생할 수밖에 없다. 그리고 이런 억압은 욕망에 영향을 준다. 가령 BDSM에서 가학 성향이라 할 수 있는 사디스트와 도미넌트의 경우 남성 비중이 높고, 반대로 피학 성향인 마조히스트와 서브미시브는 여성 비중이 높다. 이것이 가부장 문화와 전혀 연관이 없다고 하긴 어려울 것이다. 종종 반대의 성향도 나타나는데, 이 역시 일종의 반작용으로 볼 수 있다. 비슷한 예로 어린 시절 엄격한 부모 밑에서 자란 경우 피학 성향이 많고, 반작용으로 가학 성향을 가지기도 한다.

물론 성적 취향을 모두 환경 탓이라 해 버리면, 그 역시 문제가 될 수 있다. 성적 취향이 어떻게 생겨나는지는 정확히 알 수 없으며, 같은 환경에서 자라도 정반대의 성향이 생겨날 수 있다. 성적 취향은 옳고 그름이 아닌 이름 그대로 취향의 문제로, 서로 합의했다면 제3자가 관여할 건 아니다. 다만 쌍방이 합의를 거쳤다 하더라도, 신체에 영구적인 손상을 줄 수 있는 행위를 취향으로 인정할 수 있는가에 대해서는 여전히 논란이 있다.

억압과 성적 취향에 관한 문제는 복잡하다. 가령 식민주의 판타지를 생각해 보자. 과거 일정 기간 백인이 흑인을 지배했다. 당연히 백인들은 우월 의식이 있었고, 우생학으로 이 차별을 정당화하던 시기도 있었다. 하지만 동시에 백인들은 흑인 노예들에게 뒤처지는(특히 신체적으로 뒤처지는) 것에 공포를 느꼈다. 그리고 그 공포는 자신이 소유한 여성을 흑인에게 강탈당할지도 모른다는 강박으로 이어졌다. 그런데 일부는 이 공포와 더불어 흑인 남성이 자신의 아내나 백인 여성과 관계를 맺는 것을 상상하며 성적 흥분을 느끼기도 했다. 지금도 흑인 남성과 백인 여성이 등장하는 포르노는 꽤 인기가 높은 장르다. 9·11테러 이후에는 아랍계 남성들이 등장하는 포르노가 인기를 끌기도 했다.

비슷한 맥락에서 일부 남성들은 오쟁이 지는 것(자신의 연인이 다른 남성과 관계를 갖는 것)에서 쾌감을 느끼며, 일부 여성들은 강간 판타지를 가지고 있다. 누가 봐도 자신이 농락당하는 상황에서 왜 쾌감을 느끼는지 논리적으로 설명하긴 어렵지만, 이유야 무엇이든 그런 욕망은 실존한다.

《모피를 입은 비너스》 마지막에 이런 구절이 나온다.

여자는 남자의 노예가 될지 폭군이 될지 하나일 뿐이지, 절대로 함께 어깨를 나란히 하는 친구가 될 수 없다.

BDSM 관계가 아니더라도 가부장제에서 모든 연인 관계는 그런 측면이 있다. 어쩌면 지금도 우리는 그런 연애를 하고 있는지 모른다. 과연 우리에게 진정으로 평등한 연애란 것이 가능할까?

억압의 실패를 증명한 '킨제이 보고서'

19세기의 억압적인 성관념은 20세기 중반까지 이어진다. 특히 미국은 유럽에서 들여온 문화를 한층 더 충실하게 실천했다. 당연히 결혼 외의 성관계를 허용하지 않았다. 단순히 도덕적인 금지가 아니라 법적인 처벌을 했다. 서로 합의하고 관계를 맺었어도 결혼을 하지 않았다면 강간이나 매춘, 공연 음란 행위를 저질렀을 때와 비슷한 처벌을 했다. 당연히 자위도 처벌했고, 동성 간 성관계도 처벌했다.

결혼했다고 해서 완전히 자유롭게 성관계를 할 수 있는 것도 아

가장 공적인 연애사

니었다. 몇몇 주에서는 입으로 성기를 애무하거나 항문으로 성교하는 것을 금지했다. 물론 사적인 공간에서 벌어지는 일이니 실제로 처벌받는 경우는 극히 드물었겠지만, 부모의 행동을 우연히 보게 된 아이가 입을 잘못 놀리면 부모는 법정에 불려 나가야 했다.

혼전 성관계, 자위, 동성애, 항문 성교 등을 금지한 것을 보면 처벌 의도가 명확하다. 아이를 갖기 위한 성관계를 제외하고는 모두 일종의 낭비로 이해한 것이다. 심지어 딥 키스조차 불필요하고 더러운 것으로 치부했다. 사람들은 마치 개 한 마리가 짖자 동네 개들이 모두 따라 짖듯이 행동했다. 모두 성이 무엇인지도 모르면서 일단 비난하고 시작했다.

이런 사회 분위기에서 인디애나 대학교 동물학 교수 알프레드 킨제이(Alfred Kinsey, 1894~1956)가 1938년부터 인간의 성행동에 관한 대규모 조사를 진행한다. 그와 동료들은 무려 1만 8000명의 시민과 면담을 진행했다. 보고서는 48년과 53년 두 권의 책으로 나왔는데, 첫 번째가 《남성의 성생활》, 두 번째가 《여성의 성생활》이었다. 사실 그의 연구 목적은 간단했다. 성에 대한 통계 자체가 없으니, 통계를 내는 것이었다. 실제로 킨제이 보고서는 감정이 배제된 기술적인 언어로 작성되어 있으며, 표만 잔뜩 그려져 있다. 그런데도 사람들은 이 보고서에 큰 충격을 받거나 열광했다. 두 권의 책은 출간 즉시 베스트셀러가 되었다.

1950년대 미국의 성 보수주의는 끝을 향해 달리고 있었다. 교회와 도덕, 법이 삼위일체를 이뤄 혼외 관계, 자위, 동성애 등을 세상에

서 가장 파렴치한 인간들이나 하는 행동으로 매도했다. 그런데 킨제이는 통계를 통해 그런 강압이 전혀 의미가 없음을 폭로했다. 보고서에는 아래와 같은 내용이 포함되어 있다.

-남성의 99퍼센트, 여성의 60퍼센트가 자위를 한 경험이 있다.

-미혼 성인 남성의 80퍼센트는 결혼한 남성만큼 성관계를 갖고 있으며, 20퍼센트는 자위나 동성과의 관계를 통해 욕구를 해소한다.

가장 공적인 연애사

아무리 억압한들 '일생일대의 사건'은 번번이 자주 일어난다.
〈The Affair of a Lifetime〉, Henry Patrick Raleigh(1880~1944)

-70퍼센트의 남성은 사창가를 한 번 이상 갔다.

-기혼 남성의 85퍼센트는 결혼 전에 성경험이 있으며, 기혼 남성의 40

퍼센트, 기혼 여성의 30퍼센트는 혼외정사를 한 적이 있다.

-일평생 동성애만을 하는 확실한 남성 동성애자의 비율은 4퍼센트에

불과하지만, 46퍼센트의 남성은 한 번 이상 동성에게 성적 끌림을 느

낀 적이 있고, 37퍼센트는 남성과의 관계에서 오르가슴에 이른 경험이

있다. 이는 꽤 많은 이가 양성애적인 성향을 가지고 있음을 나타낸다.

킨제이 보고서가 나온 지 70년이 넘었다. 킨제이 보고서는 당시에도 방법론과 표본 집단 선정 등에 문제가 있다는 지적을 받았으니, 보고서의 디테일한 부분까지 모두 사실이라고 받아들일 수는 없다. 하지만 당시 사회 통념과 실제 시민들의 삶이 얼마나 괴리되어 있었는지는 충분히 보여 주었다고 할 수 있다.

가장 공적인 연애사

5장. 현대 태동기: 연애야말로 혁명

"해방된 여성은 결혼 전에 섹스를 하고,
결혼 후에는 직업을 갖는다."

-페미니스트 운동가 글로리아 스타이넘

데이트의
탄생

16세기 봉건제를 떠받들던 농촌 경제가 무너지고, 절대 왕정이 들어선다. 국가가 약해진 혈족을 대신해 폭력을 독점한다. 경찰과 법원의 역할이 확대되면서 가부장을 중심으로 한 혈족은 점점 의미를 잃어 간다. 그러던 것이 18세기 산업혁명이 일어나면서 완전히 무너진다. 농민들은 도시로 몰려들어 노동자가 된다. 일군의 젊은이들은 혈족을 벗어나 경제적으로 독립할 수 있었고, 자유로운 로맨스를 꿈꾸게 된다.

계몽주의도 이런 흐름을 부추겼다. 계몽주의자들은 개인의 권리와 행복 추구가 정당한 목표라고 생각했다. 자연스레 재산 증식이나 지위 상승을 위한 결혼보다 사랑을 위한 결혼을 옹호하기 시작했다. 얼마 지나지 않아 중매결혼 대신 개인이 직접 배우자를 선택하는 결혼이 사회적 이상으로 자리 잡는다. 현재 우리가 하는 '자유로운 연애'와 '사랑을 기반으로 한 결혼'은 근대의 발명품이다. 자유연애가 도입되는 시기는 국가와 지역마다 제 각각이지만, 언제나 도시화와 함께 이루어졌다.

한국에서도 도시화가 시작되는 개화기와 일제 강점기 시절, 자유연애 사상이 생겨난다. 춘원 이광수의 1934년 소설《그 여자 의 일생》에 그런 사회 분위기가 여실히 드러난다.

요즘 계집애들은 걸핏하면 사랑 사랑 하니 모두들 기생이 되겠단 말이 냐, 갈보가 되겠단 말이냐? 원 그런 해괴한 말법이 어디 있어? 설사 내 외간이라도 아내는 남편을 공경하고 받드는 것이요 남편은 처가속을 돌아본다고 하지, 사랑이라는 말을 어디에 써?

20세기 등장한 사랑과 연애는 기존 사회에서는 찾아볼 수 없 던 풍습이었다. 사랑을 찾는 것도 자연스럽지 않았고, 사랑하는 이와 결혼하는 것은 해괴한 일이었다. 마치 중세에 아내와 남편 을 너무 사랑하지 않는 것이 미덕이듯, 과거 우리 사회도 그랬다. 심하게 말하면 사랑은 창녀나 하는 짓이었다. 하지만 도시화가 진행되면서 등장한 모던 걸, 모던 보이 들은 자유연애를 추구했 고, 그들의 문화가 힙한 것으로 받아들여지면서 빠른 속도로 확 산된다.

가장 공적인 연애사

도시로 남녀가 모여들면

앞에서 살펴본 19세기 귀족들의 데이트 방식은 대서양을 건너 미국까지 퍼진다. 패션 잡지 《하퍼스 바자》 1907년 판은 〈방문을 하는 남성을 위한 에티켓〉을 특집으로 다루고 있다. 이를 통해 20세기 초까지도 방문이 상당히 일상적인 연애 방식임을 알 수 있다. 하지만 방문 시스템은 곧 무너질 수밖에 없었다. 20세기 미국 도시 하층민에게는 방문을 할 만한 집이 없었기 때문이다. 물론 사는 곳은 있었지만, 그곳은 허름한 원룸이거나 동료들과 함께 사는 셰어하우스였다. 응접실과 피아노는 상상도 할 수 없었고, 있다 해도 분명 층간소음으로 신고당했을 것이다.

하지만 그렇다고 해서 연애를 포기할 수 있겠는가. 일자리를 찾아 도시로 나온 이들은 이전 세대보다 훨씬 많은 정보와 대중매체를 접했다. 그들은 이 매체들을 통해 연애의 낭만을 키워 왔고, 이건 포기할 수 있는 성질의 것이 아니었다. 방문이 안 되면 다른 방식으로라도 해야 했다. 이들은 곧 집을 벗어나 외부에서 연애를 하게 된다. 바로 데이트의 탄생이다.

곧 도시에는 이들을 수용할 레스토랑, 바, 댄스홀, 영화관이 들어선다. 물론 처음부터 이 공간들이 데이트를 위해 만들어진 것은 아니다. 하지만 데이트 공간으로 활용되기 시작하자 그 수가 폭발적으로 늘어났다. 사적이던 연애가 공적인 장소로 편입된 것이다. 그런데 아이러니하게도 연애는 공적인 장소에서 진정 자유로워졌다. 방문연애가 사적인 공간에서 이루어지는 공적인 활

산업 사회로 바뀌면서 도시로 젊은이들이 모여든다. 그로 인해 연애 풍속도 달라진다. 방문 데이트 대신 바나 레스토랑 같은 외부 공간에서의 공개 데이트가 시작된 것이다. 사진은 1920년대 레스토랑에서 스파게티를 먹으며 데이트를 즐기는 커플.

동이라면, 데이트는 공적인 장소에서 벌어지는 사적인 행위다.

방문은 어쨌든 결혼이라는 명확한 목적 아래 이루어지는 진지한 만남이었다. 물론 방문을 한다고 해서 꼭 결혼을 하는 것은 아니었지만, 방문을 하는 이든 손님을 맞는 이든 결혼을 전제하고 상대를 살폈다. 데이트 역시 처음에는 결혼이라는 목적성이 짙었지만 시간이 지나면서 그 의미가 점점 더 옅어진다. 사람들은 데이트를 위해 데이트를 하기 시작한다.

20세기에 들어서면서 전 세계적으로 교육받은 사람이 늘어난다. 전문직과 그렇지 않은 직업의 임금 격차가 벌어지면서 젊은 이들은 전문직을 꿈꾸게 되고, 이에 따라 교육받는 기간이 길어진다. 또한 일을 시작하고 나서도 끊임없이 성장해야 했다. 이 때문에 결혼은 자연스레 뒤로 밀려났고, 그 시간 동안 연애를 즐기기 시작한다. 물론 여전히 데이트는 미래를 함께할 가능성을 시사하는 것이긴 했지만, 방문연애 때처럼 그 목적이 노골적이진 않았다.

자본주의 데이트

데이트할 때는 아주 작은 것에도 돈이 든다. 꾸미고, 만나고, 밥을 먹고, 영화를 보고, 차를 몰고, 차를 마시고, 술을 마시고, 같이 여행을 가고……. 어느 하나 공짜로 되지 않는다. 데이트는 늘 "어디 갈까?"란 질문으로 시작하는데, 이는 정확히 "어디 가서 돈을 쓸까?"로 치환된다.

미국 여성 잡지 《마드모아젤》이 1963년에 젊은 여성 200명을 대상으로 설문 조사한 결과를 보면, 대부분 여성이 "데이트에서 돈이 중요하지 않다"고 응답했다. 하지만 이상적인 데이트가 무엇이냐고 묻자 "고급 레스토랑에서 저녁을 먹고, 칵테일을 한잔한 다음, 극장이나 콘서트장에 들렀다가, 무도회장에 가는 것"이라 답했다. 돈보다 정신이 중요하지만 그 중요한 것을 확인하려면 일단 돈을 써야 했다.

그러니 임금이 형편없었던 20세기 초반, 데이트는 부담스러운 것이었다. 남성보다 더 적은 임금을 받던 여성에게는 더더욱 그랬다. 그렇다 보니 데이트는 남성이 비용을 대는 방식으로 발전했다. 남성이 기혼자든 미혼자든 여성에게 황홀한 데이트를 선사하고, 그 대가로 섹슈얼한 보상을 받는 스폰과 비슷한 형태였다. 물론 당시에도 혼전순결 같은 개념이 있었기 때문에 데이트가 늘 섹스로 이어지진 않았지만, 남성이 비용을 대고 여성이 성적인 보상을 제공하는 것이 어느 정도 당연한 패턴이었다. 그러니 가장 흔한 커플은 재력을 가진 남성과 젊은 여성이었다.

2015년 교육부가 만든 교사용 성교육 자료에 '데이트 비용을 낸 남성이 그 보상으로 성폭력을 일으킬 수 있다'는 내용이 실려 큰 비난을 받은 적이 있다. 하지만 적어도 20세기 초반에는 실제 그런 심리가 있었다.

백만장자를 잡으려는 세 여성의 이야기를 다룬 1953년 영화 〈백만장자와 결혼하는 법〉의 한 장면. 제목부터 참…… 당시 사회는 이렇듯 남자는 지갑 두께로, 여성은 가슴 크기로 서로를 구매하라고 부추겼다.

하층민에서 시작된 데이트 문화는 곧 중산층에게도 퍼져 나간다. 그러자 데이트가 가진 역동성과 로맨스는 남고, 그 속에 있던 거래의 의미는 옅어진다. 하층민의 문화가 상층부로 퍼지는 경우는 많지 않다. 그만큼 데이트는 매력적인 것이었다. 데이트는 공간의 결핍 때문에 어쩔 수 없이 생겨났지만, 도시라는 공간은 그 모든 결핍을 상쇄하고 새로운 문화를 만들어 냈다. 솔직히 방문연애가 뭐가 그리 즐겁겠는가? 스킨십도 불가능하고 재미도 없는데 예법까지 갖춰야 했으니 말이다. 그러니 사람들이 데이트의 등장에 열광할 수밖에.

여성 잡지 《레이디스 홈 저널》 1907년 판을 보면 여성들에게 "아무리 친척이라도 남자와 단둘이서 대중음식점에 가지 마라. 사정을 모르는 사람들 눈에는 행실이 좋지 못한 여자로 보일 수 있다"고 충고하는 글이 실려 있다. 그런데 고작 7년 뒤인 1914년 판을 보면 댄스홀을 방문한 상류층 여성의 경험담이 쿨하게 실려 있다.

요즘 뭘 좀 아는 사람은 다 댄스홀에 가요. 구경도 하고, 모르는 사람들 사이에서 춤을 출 수 있으니 좋더라고요.

10년이면 강산이 변하고, 7년이면 성관념이 변한다.

달라진
연애 규칙

과거 방문이 여성의 주도로 이루어졌다면(물론 보호자의 선택이 중요했지만), 데이트에서는 데이트 신청을 하고 비용을 대는 남성의 의견이 중요해진다. 20세기 초에도 데이트 비용 대는 것을 못마땅해하는 남성들은 있었다. 사실 어린 남성은 또래 여성만큼이나 경제력이 없다. 그런데도 데이트 비용은 자신이 부담했으니 불만이 없을 수가 없지. 데이트는 같이하는데 왜 자신만 돈을 낸단 말인가?

하지만 그 분노한 남성이 인지하지 못한 점이 있다. 사실 데이트에서 남성이 돈을 내는 것은 그 만남을 사는 것이 아니다. 권력을 사는 것이다. 데이트가 없던 시절에도 방문이라는 연애 방식이 있었다. 그때와 달라진 것이 있다면 남성이 여성으로부터 관계에서의 주도권을 뺏어 왔다는 것이다. 물론 남성이 그 권력을 원했다는 뜻은 아니다. 하지만 방문연애에서 데이트로 바뀌면서 연애의 규칙도 달라진다.

데이트는 중상층을 넘어 대학생, 고등학생들에게까지 퍼진다. 이렇게 되자 데이트가 더 많은 인기를 얻기 위한 일종의 게임이 된다. 학생들은 상대의 등급을 매겨 데이트를 할 만한 대상과 아닌 대상으로 나누기 시작했고, 아무리 마음에 드는 상대라도 낮은 등급의 상대와는 데이트하지 않았다. 그러면 자신의 가치도 떨어진다고 여겼기 때문이다. 마치 신분 사회와도 같다. 여성들은 남성들이 좋아하는 외모와 태도로, 데이트의 주도권을 쥐고 있던 남성의 눈에 들려고 노력했다. 20세기 후반까지도 일부 여성들은 교육 그 자체가 아니라 결혼할 만한 훌륭한 상대를 만나기 위해 대학에 갔다. 남성 상위의 종속 구조가 완벽해진 것이다.

남성들 역시 자유롭지 않았다. 그들은 등급이 높은 여성을 만나기 위해 성공하고 또 성공해야 했다. 제2차 세계대전이 발발하자, 미국 언론은 젊은 남성의 대규모 파병으로 데이트와 결혼을 하지 못하는 여성이 늘어났다는 기사를 쏟아 냈다. 그런데 사실 결혼 못하는 여성이 늘어나는 현상은 전쟁이 터지기 전인 1930년대부터 조짐이 보였다. 대공황이 터지고 경제가 어려워지면서 데이트 비용을 내고 결혼을 할 만한 여유를 가진 남성의 수가 급격히 줄어든다. 데이트라는 관습 때문에 오히려 연애를 할 수 없게 된 것이다.

경쟁력 있는 남성이 줄어들수록 여성들의 경쟁은 더 치열해졌다. 제2차 세계대전은 여성의 사회 진출을 늘리며 여권 신장에 기여했지만, 여성이 남성에게 더 목매는 상황을 만들기도 했다. 전쟁으로 많은 남성이 목숨을 잃었고, 군인들이 유럽에서 현지 여성을 만나 결혼하는 경우도 늘어났다. 미국 여성들은 "외국 여자들이 남자들을 훔쳐 간다"며 분노했다. 1945년 한 조사에서 30세 이상 미국 여성 70퍼센트가 '미국 남성이 독일 여성과 결혼하는 것을 금지해야 한다'고 응답했다. 항의가 거세지자 미국 정부는 파병 간 군인이 현지 여성과 데이트하는 것을 금지했다. 적발될 시에는 6개월간의 중노동에 처하고, 장교인 경우 강제 전역 조치까지 했지만, 그러거나 말거나 혈기 왕성한 젊은 군인들과 현지 여성들은 서로를 가만히 놓아두지 않았다.

자동차의 발전은 데이트 문화를 가속시켰다. 교외나 시골 지역에 사는 젊은이들도 차를 타고 도시로 나가 데이트를 즐겼다. 자동차는 공적인 공간 가운데 사적인 공간을 만들었으며, 이는 스킨십이 가미된 새로운 즐거움을 선사했다.

키스나 애무, 섹스가 연애의 어느 정도 당연한 코스가 된 것도 데이트가 시작되고 난 뒤부터다. 물론 이런 스킨십이야 과거부터 있었지만, 연인 사이의 필수는 아니었다(보호자의 감시 아래 그런 행동을 하긴 어려웠겠지). 물론 지금도 혼전순결을 지키며 스킨십을 멀리하는 사람도 있겠지만, 심지어 그런 사람들조차 타인이 데이트 상대와 섹스나 스킨십을 한다고 비난하지는 않을 것이다. 데이트는 커플 사이에는 뭔가 은밀하고 성적인 행위를 해야 한다는 의

무감을 조성한다. 욕망과 합쳐진 그 의무감은 연인들에게 무언가 행동하도록 하고, 대부분 연인은 그 의무를 수행한다.

1946년에 실시한 설문 조사에서, 미국 대학생의 87퍼센트는 연인 간에는 스킨십은 물론 혼전 섹스도 정당하다고 응답했다. 물론 정당하다고 응답했다고 해서 모두 결혼 전에 정당한 행위를 하진 않았겠지만, 87퍼센트라는 숫자는 당시 사람들의 관념이 과거에 비해 얼마나 변했는지를 극적으로 드러낸다.

데이트가 만들어 낸 남자답게, 여자답게

물론 사회는 여전히 보수적이고 성차별적이었다. 위의 설문 조사에서도 혼전 섹스는 '사랑하는 연인 사이'에서만 정당화됐다. 여전히 사회는 '정숙'을 요구하는데, 언제나 그렇듯 이 요구는 여성에게 강하게 작용했다. 대중매체에서도 공공연하게 다음과 같은 조언(?)을 해 댔다.

키스의 가격은 희소성에 비례하여 상승한다. 스킨십은 남성이 돈을 주고 사는 것이다. 권장 판매가가 가장 높은 것(섹스)의 가격은 결혼이다. 프러포즈를 이끌어 내려면 절대로 섹스 요구에 응해선 안 된다.

–April Taylor, 《Love is a four letter word》(1948)에서

물론 남성에게도 여성이 거절 의사를 보이면 강제로 스킨십

을 해서는 안 된다고 가르쳤다. 여기서 전제는 '정숙한 여성'이어야 하고, 거절 의사는 명확해야 한다는 것이다. 사회는 정숙하지 않은 여성은 마치 당할(?) 수밖에 없다는 식으로 교육했다.

20세기 중반 이후 여성의 사회 진출이 늘어나면서 남녀 성역할이 모호해졌다. 젠더 이분법 역시 흔들리기 시작했다. 그런데 기이하게도 데이트에서만은 '남자답게', '여자답게'가 작동한다. 단순히 남성이 여성의 성을 소비한다 같은 이야기가 아니다. 성역할은 에티켓과 매너라는 이름으로 여전히 멋있고 쿨한 것으로 소비된다. 그러니 당연히 남성과 여성은 자신의 성역할을 다하려고 스스로를 옭아맨다. 대장부 같은 여성도 연인 앞에서는 요조숙녀여야 한다. 자고로 남자라면 낮에는 져도 밤에는 이겨야 한다. 이제 성이란 실용적 측면이 아니라 상징적 의미로서 작동한다.

연애야말로
혁명

현대의 특징 중 하나는 연애를 개인 대 개인의 만남으로 규정했다는 것이다. 이건 당연하지만 결코 당연하지 않다. 앞에서 살펴봤듯 과거의 결혼은 집안 대 집안의 일이었다. 개인의 의견은 중요하지 않았다. 물론 지금의 연애도 지독히 자본주의적이며, 그 속에 계급 차가 분명히 존재한다. 그래도 어쨌든 현대의 결혼은 개인의 자유를 보장한다.

지금 관점에서 보면 근대 이전 결혼은 가족이 개인사에 과도하게 간섭하는 것처럼 보인다. 하지만 굳이 생물학적으로 따지자면 오히려 이 간섭이 자연스러운 것일지도 모른다. 가족은 유전자를 공유한다. 부모와 형제는 유전자의 절반을 공유한다. 조카는 4분의 1을 공유한다. 유전자 입장에서 가족은 유전자가 전파되는 통로다. 가족이 성공적인 짝을 만나도록 돕는 것은 결국 내 유전자의 번성을 돕는 것이다. 우리는 가족을 통해서도 번식을

가장 공적인 연애사

시도한다.

과거 서양 문화권에서 딸의 사교계 데뷔는 부모와 온 집안이 단결하는 노골적인 구애 행동이었다. 자식이 파트너를 데려올 때, 귀한 음식을 상다리가 휘어지게 차려 주는 것은 전형적인 과시 행동이다. 어느 문화권이나 늘 결혼식은 거창한데 이 역시 비슷한 이유에서다. 그럴 여유가 있음을 보여 주는 것이다. 물론 우리는 진심으로 가족을 위해 사심 없이 그런 행위를 한다고 생각하겠지만, 애초 그런 문화가 생겨난 것에는 유전자 전파의 원초적인 욕망이 숨어 있을지 모른다. 이런 태도는 부족 전체로 확대된다. 부족 전체의 뛰어남을 과시하기 위해 독특한 춤이나 축제, 토템 등을 개발한다. 실질적 보상이 없어 보이는 전통들은 이런 식으로 생겨났다.

그러므로 파트너를 고를 때 그의 가족을 보는 것은 충분히 설득력이 있다. 가족은 그와 유전자를 공유하니까. 파트너의 발현되지 않은 유전자를 그의 가족을 통해 살필 수 있다. 하지만 교양을 갖춘 현대인이라면 이런 태도를 일종의 연좌제로 여겨 옳지 않다고 생각할 것이다. 그런데 이상하지 않은가? 파트너의 가족, 특히 직계 가족의 지병을 통해 파트너의 미래 건강을 예측하는 것은 일상적인 일이다. 성격도 많은 부분 유전으로 물려받는다. 가령 비슷한 조건의 파트너 후보 두 명이 있다면 가족이 더 매력적이고, 더 성공했고, 더 다복하고, 더 건강한 쪽이 유전적으로 더 훌륭할 가능성이 높다. 그러니 가족을 보고 파트너를 판단하는 것이 꼭 틀렸다고만 할 수는 없다. 그런데도 우리는 그런 행위를 옳지 않다고 여긴다.

나는 사상의 위대함이 이런 부분에 있다고 생각한다. 파트너를 고름에 있어 가족을 보는 것은 중요한 요소다. 특히 자녀를 가질 계획이라면 더더욱이나 말이다. 하지만 우리는 가치로서 그것이 옳지 않음을 알기 때문에 기꺼이 개인만을 보는 데 동의한다. 마치 동의하지 않은 녹음 파일이 증거가 되지 않듯이, 우리는 불리함을 알면서도 기꺼이 이를 무릅쓴다. 외적인 요소(가족)를 따지면 진정한 사랑이 아닌 것이다.

사랑할 만한 사람을 사랑하는 것은 당연한 일이다. 돈 많고 성격 좋고 집안 좋고 외모가 출중한 사람을 누가 사랑하지 않겠는가. 그래서 그건 사랑이 아니다. 역설적인 말이지만 사랑이 사랑인 이유는 사랑하지 않을 만한 사람을 사랑하기 때문이다. 사랑으로 맺어진 결혼은 인류 역사를 통틀어 놓고 보면 매우 급진적인 개념이다. 지금도 '조건'을 최우선으로 따지는 경우가 많다. 결혼중개업체를 이용하거나 선을 볼 때는 조건이 중요한데, 이는 만남의 목적이 어디에 있는지를 명확히 보여 준다.

우리는 생식이 아니라 사랑을 한다. 사랑을 한다면 객관적인 지표 따위는 문제가 되지 않는다. 그것이 인류가 쌓아 올린 가치이며, 우리가 기꺼이 불리함을 무릅쓰는 이유다.

나는 연애야말로 진정 반역적이고, 체제를 뒤흔드는 유일한 것이라 믿는다. 과거 집단혼에서 한 개인에 대한 욕망이 일부일처제를 만들어 냈고, 수많은 문명의 초석이 되었다. 그러자 집단은 이 욕망을 통제하는 새로운 방식으로 결혼을 체제로 받아들였다. 국가와 가족이 배우자를 결정하는 식으로 욕망을 통제했다. 이는 대단히 성공적으로 보였다. 하지만 그 속에서 개인의 열망이 싹터 신분제를 뒤엎었다. 가부장제도, 일부일처제도 그렇게 흔들린다.

오스카 와일드(Oscar Wilde, 1854~1900)는 "남자는 어떤 여자하고든 행복하게 살 수 있다. 그 여자를 사랑하지만 않는다면"이라고 말했다. 단순히 남자만의 이야기가 아니다. 남자든 여자든 그냥 부모나 사회가 정해 준 대로 살면 행복하게 살 수 있다. 하지만 사람들은 이를 거부했다. 사랑하고, 그 사랑을 지키기 위해 노력하고, 세상을 바꾼다. 1800년대 신대륙으로 끌려간 흑인 노예들에게는 결혼이 금지되어 있었다. 하지만 그들은 주인 몰래 '빗자루 결혼'을 했다. 빗자루를 뛰어넘음으로써 부부가 되는 것인데, 이 의식은 과거를 깨끗이 잊고 가족이 된다는 의미다. 이런 금지된 사랑은 결국 자유에 대한 열망으로 이어졌다.

아무리 통제된 사회라 할지라도 연애에 대한 열망은 사회를 뒤흔든다. 둘만의 공간에서 둘만의 비밀을 나누며 어떤 변혁을 꿈꾸고 있는지 누구도 알 수 없다. 역사상 최악의 전체주의 경찰이라 불렸던 동독의 인민 경찰마저도 부부 사이에 이루어지는 변혁은 막지 못했다. 일부 종교가 집단 결혼 등의 방식을 취하는

이유도 이런 변혁의 가능성을 사전에 차단하려는 데 있다. 하지
만 이런 편법도 변혁을 막지는 못한다.

나는 앞에서 가족의 어원이 노예에서 왔다고 했다. 하지만 연
애가 생기고 국가나 가족이 아닌 내가 원하는 상대와 짝을 맺으
면서 가족의 의미가 전복되기 시작했다. 연애결혼은 평범한 개인
이 세상을 전복하는 거의 유일한 일이다.

가장 공적인 연애사

〈The Kiss IV〉, Edvard Munch(1863~1944)

자유연애는 우리를
더 사랑하게 했을까

그렇다면 여기서 의문이 생긴다. 근대 이후 자유연애와 데이트의 등장으로 우리는 우리가 원하는 대상과 연애하고 결혼하게 되었다. 혼전순결에 대해서 사회가 강압하는 분위기가 사라지고 난 뒤부터는 자유연애가 완전히 자리 잡았고, 이는 우리가 파트너를 선정하는 폭을 크게 넓혀 놓았다. 그렇다면 우리는 이쯤에서 평가를 해 봐야 한다. 자유연애 이후 우리는 더 행복해졌을까?

얼핏 생각해 보면 답이 정해져 있는 빤한 질문 같다. 더 자유로워졌으니 더 행복해졌겠지. 그런데 현실은 그렇게 단순하지 않다. 결혼에 대한 개인의 만족도를 조사해 보면 생각만큼 긍정적인 결과가 나오지 않기 때문이다. 개인의 자유를 최고의 가치로 여기는 미국인들은 가장 이상적인 이성 관계가 무엇이냐는 질문에 "부부"라고 답변하지만, 미국의 이혼율은 세계에서 가장 높다.

왜 그럴까? 왜 현대인들은 자신이 원하는 파트너를 선택했음에도 과거보다 만족감이 떨어질까? 다양한 원인이 있겠지만, 가장 먼저 생각해 볼 수 있는 건 기회비용의 문제다. 자유연애에서 파트너는 수많은 후보 중에 내가 직접 고른 한 사람이다. 그래서 특별한 존재지만, 그렇기에 대체 가능한 존재이기도 하다. 파트너가 실망스러운 모습을 보인다면 우리는 우리가 포기한 다른 사람, 즉 기회비용을 떠올릴 수밖에 없다.

반면 과거에는 선택권이 없었다. 지금의 파트너는 하늘이 정해 준 운명이다. 그러니 파트너가 폭력을 행사하고 바람을 피워도 그 사람과 살아갈 수밖에 없다. 그러니 아무리 불행해도 상대방의 없는 장점을 찾아내 자신을 합리화하고 정신승리하게 된다. 그렇다 보니 오히려 파트너를 선택할 수 없을 때 평균적인 만족도가 높은 역설적인 상황이 벌어진다. 또한 선택에 에너지를 적게 쓰는 점도 결혼 만족도가 높은 이유일 것이다. 이것이 차별화된 음식점이 쏟아지는 와중에도 메뉴가 정해져 있는 급식소나 백반집이 선방하는 이유다.

많은 이가 과거의 결혼에는 사랑이 없다고 착각한다. 그렇다면 다음 편지를 읽어 보자. 조선 시대 때 편지로, 병으로 남편을 잃은 아내가 남편의 묘지에 묻은 것이다.

가장 공적인 연애사

원이 아버지께

당신 언제나 나에게 "둘이 머리 새하얗게 될 때까지 살다가 함께 죽자"고 하셨지요.

그런데 어찌 나를 두고 먼저 가십니까? 나와 어린아이는 누구의 말을 듣고 어떻게 살라고 다 버리고 먼저 가십니까?

당신 나에게 마음을 어떻게 주었고, 또 나는 당신에게 어떻게 주었던가요? 함께 누우면 언제나 나는 당신에게 말하곤 했지요.

"여보, 다른 사람들도 우리처럼 서로 어여삐 여기고 사랑할까요?"

"남들도 정말 우리 같을까요?"

어찌 그런 일들 생각하지도 않고 나를 버리고 먼저 가시나요?

당신을 여의고 나는 도무지 살 수가 없어요. 빨리 당신께 가고 싶어요. 나를 데려가 주세요. 당신을 향한 마음을 이승에서 잊을 수가 없고 서러운 뜻 한이 없습니다. 내 마음을 어디에 두어야 할까요? 당신을 그리워하며 자식을 데리고 살 수 있을까요?

이 편지 보시거든 내 꿈에 와서 자세히 말해 주세요.

꿈속에서 당신 말을 자세히 듣고 싶어서 이렇게 써서 넣어 드립니다.

자세히 보시고 말해 주세요. 당신이 배 속의 자식 낳으면 보고 말할 것 있다 하셨는데,

그렇게 가시니 이 자식 낳으면 누구를 아버지라 해야 하나요?

아무리 한들 내 마음 같겠습니까? 이런 슬픈 일이 하늘 아래 또 있겠습니까? 당신은 한갓 그곳에 가 계실 뿐이지만, 아무리 한들 내 마음같이 서럽겠습니까? 한도 없고 끝도 없어 다 못 쓰고 대강만 적습

조선 시대 이응태(李應台, 1555~1586) 아내의 편지. 이응태가 31세에 전염병으로 세상을 떠나자 그 슬픔을 편지로 써 남편의 관에 넣었다. 이 편지는 1998년 4월 안동시에 있던 고성 이씨 가족묘를 이장하던 중 발견했다. 편지는 이응태 가슴에 놓여 있었고 머리맡에는 아내가 직접 꼬아 만든 미투리도 있었다고 한다. 미투리는 아내가 자신의 머리카락과 짚으로 남편의 병이 낫길 바라며 삼은 것이다.

니다.

이 편지 보시고 꿈에 와서 당신 모습 보여 주시고 또 말해 주세요.

나는 꿈에는 당신을 볼 수 있다고 믿고 있습니다. 몰래 와서 보여 주세요. 하고 싶은 말은 끝이 없지만 이만 적습니다.

　－병술년(1586) 유월 초하룻날에

절절하지 않은가? 물론 당시 모든 부부가 이렇게 서로 죽고 못 사는 사이는 아니었을 것이다. 편지의 화자도 "다른 사람들도 우리처럼 서로 어여삐 여기고 사랑할까요?"라고 자문하지 않는가. 하지만 그건 현대에도 마찬가지다. 이 정도로 사랑하는 부부는 그때나 지금이나 귀하다.

과거 사람들도 사람인지라 우리가 느끼는 것과 비슷한 감정을 느꼈을 것이다. 그러니 시작은 가족이 정한 강제 결혼이더라도 함께 생활하고 정을 나누는 사이에 애정을 키웠을 것이다. 이런 특징은 공간이 넓어 거리를 두고 생활했을 상류층보다 평민 계급에서 더 두드러지게 나타났다. 우리가 과거의 결혼을 애정과 무관하다고 여기는 이유는 사극이 주로 상류층을 다루기 때문이다. 사랑의 크기 자체는 과거나 지금이나 별 차이가 나지 않을 것이다. 현대인의 상식과는 다르게 자유로운 선택이 사랑의 필수 요소는 아니다.

자유로운 선택이 만족감을 높이지도 않고 사랑의 크기도 비슷하다면 과거의 방식이 더 좋은 것은 아닐까? 하지만 그렇게 인정할 수는 없다. 선택의 자유는 당연히 고통을 감내해야 하는 것이다. 만약 파트너 고민이 없었을 때가 더 좋다고 말한다면, 그건 고민 없는 노예가 도시 빈민보다 낫다고 말하는 것과 같은 것이 된다.

그런데 어쩌면 우리가 자유라는 가치에 매몰돼 진실을 못 보고 있는 것일지도 모른다. 몇 년 전부터 간식이나 주류, 도서 등을 매달 혹은 매주 골라 주는 구독 서비스가 큰 인기를 얻고 있다. 너무 많은 옵션은 현대인을 지치게 한다. 그리고 우리에게는 선택권만 있지 선택을 제대로 할 정보는 없다. 그러니 선택의 자유가 주는 만족감보다 전문가가 골라 주는 것이 더 만족감이 높은 것이다.

가까운 미래를 배경으로 한, 넷플릭스 SF 드라마 〈블랙 미러〉에는 파트너를 AI가 지정해 주는 에피소드가 등장한다. 빅데이터가 내놓은 결과가 언제나 그러하듯이 드라마 속 커플은 대부분 행복하다. 실제로 이런 사회가 되더라도 아마 우리는 행복할 것이다. 물론 일부는 불행하겠지만, 어차피 자유롭게 선택해도 대부분은 불행할 테니 그것이 그리 큰 문제일까 싶기도 하다.

자유연애는 우리를 더 자유롭게 했을까

이번에는 조금 다른 맥락에서 생각해 보자. 사람들은 보수적이었던 성관념이 시간이 지남에 따라 점점 자유롭게 변해 왔다고 믿는다. 하지만 사실 꼭 그런 것은 아니다.

개인의 등장은 자유연애와 연애결혼을 가져왔다. 중매결혼도 많지만, 중매 안에도 개인의 선택이 들어간다. 우리는 사랑하고 연애하고 결혼한다. 우리가 흔히 생각하는 연인에 대한 충성심(?)은 연애결혼과 함께 생겨났다. 일편단심, 정절 이런 것도 별로 오래된 개념이 아니다. 과거에는 남편이 외도를 하는 것에 대해서 크게 문제 삼지 않았고, 오히려 이에 너무 집착하면 못난 부인 취급을 받았다. 물론 여성의 외도에 대해서는 엄격하게 굴었지만, 이것은 재산 보호의 의미였지 사랑과 질투라고 하긴 어려웠다.

가장 공적인 연애사

그런데 과거의 사람들이라고 해서 특별히 질투심이 적었을 리가 없다. 그들은 질투가 생겼는데 참은 것이 아니다. 딱히 질투할 이유가 없었던 것이다. 과거의 많은 결혼은 각 가문의 필요에 의해 이루어졌다. 죽고 못 살아서 결혼한 게 아니다. 부부는 자녀 혹은 재산 보호 같은 공동의 목표가 있었지만, 그 목표를 달성하는 데 방해되지만 않는다면, 서로에게 크게 간섭하지 않았다. 그리고 일부 문화권에서는 자녀를 낳는 것 외에는 아내에게 접근하지 않는 것이 남편의 매너이기도 했다. 종종 어른들은 젊은이들의 행태를 보고 '연애 따로, 결혼 따로'라는 표현을 쓰는데, 진정 '연애 따로, 결혼 따로' 하던 시절은 근대 이전이었다(그러니까 젊은이들은 전통을 수호하고 있는 것……).

현대인은 결혼 상대를 직접 선택할 수는 있게 되었지만, 선택에 따른 책임 역시 지게 되었다. 그리고 가끔 그 책임은 너무 과하게 우리를 억누른다. 꼭 한 사람만 사랑하란 법은 없지만, 그렇게 해야 하며, 그것이 당연하다고 배운다. 꼭 목숨을 바치고 싶을 만큼 사랑하지 않는데도 한 사람과 그런 관계를 유지해야 한다. 진짜 목숨 바칠 사람은 몇 없겠지만 그런 척 연기는 해야 한다.

선택의 자유를 얻고 나서 사랑의 형태는 오히려 고정되었다. 연애를 하고 이벤트를 하고 결혼을 하고 아이를 낳고 행복하게 사는 것이다. 다른 그림은 불행을, 사랑의 실패를 의미한다. 우리는 대상을 선택할 수 있는 자유는 얻었지만, 오히려 사랑은 획일화되었고 역설적이게도 어떤 선택권도 가질 수 없게 되었다.

6장. 현대 사회: 케이크가 섹스보다 더 달콤한 사람들

"사랑이란,
인류를 존속시키기 위한
싸구려 속임수에 불과하다."

-영국 소설가 서머싯 몸의 《A Writer's Notebook》에서

콘돔과
피임약의 발명

이제까지 이 책의 주요 관점은 생명체는 자신의 유전자를 퍼트리기 위해 노력하고 인간 역시 마찬가지라는 것이다. 이런 본능은 각 문화와 만나 시대마다 정해진 형태의 연애 모습을 만들어 왔다. 하지만 나는 책의 종반부에서 이제까지 해 온 이야기를 모두 뒤엎으려고 한다. 현대에는 연애의 형태가 매우 다양해졌다. 지금부터는 왜 그런 변화가 가능했는지, 그리고 그 모습이 어떤지 알아볼 것이다. 그러니까 지금부터가 본 게임이다.

하트, 확장된 성욕

우리는 흔히 사랑을 나타낼 때 하트 모양을 그린다. 그런데 어째서 이런 모양이 나왔을까? 우리가 흔히 알고 있는 설은 심장의 모양을 본떴다는 것이다. 설레는 사람을 만나면 심장이 두근두근

실피움 씨앗의
형상을 새긴 은화

한다. 그래서 심장도 영어로 하트다. 그런데 이 설에는 심각한 오류가 있는데, 하트(심장)는 하트 모양이 아니다.

과거부터 하트를 그렸을 테니 누가 유래를 정확히 알겠느냐만은 내가 보기에 가장 그럴듯한 설은 북아프리카에 있던 실피움이라는 식물의 씨앗 형태에서 따왔다는 것이다.

실피움은 일종의 피임약이었다. 의사들은 여성들에게 매월 한 번 실피움 즙을 마시길 권유했는데, 실피움 즙은 임신을 방지하는 데 효과가 있었으며, 아이를 가진 뒤에 먹으면 아이를 파괴하는 일종의 유산 효과도 있었다고 한다. 이렇게 가정형으로 말하는 이유는 기후 변화로 인해 실피움이 1세기 전후로 멸종했기 때문이다. 그러니 정말 피임에 효과가 있었는지 지금에서는 확인할 방법이 없다. 하지만 어쨌든 모양 하나만은 우연이라고 하기에는 너무 하트 하트 하지 않나.

피임약이 사랑의 상징이 된 것에는 상당히 많은 의미가 있다. 우리는 사랑과 연애, 결혼과 임신, 출산을 하나의 선에서 생각한다. 하지만 어쩌면 진정한 사랑과 연애는 임신, 출산, 결혼을 분리해야 가능한 것이 아닐까? 임신은 사랑을 하는 데 엄청난 제약으로 작동한다. 아무리 사랑을 강조해도 결혼, 임신, 출산에서는 언제나 사랑 이외의 요소가 더 중요했다. 물론 많은 올바른 사람들이 '책임감'을 사랑에 포함시키려 한다. 책임을 지는 것은 그 자

가장 공적인 연애사

체로 로맨틱하며 충분히 아름다운 것이다. 하지만 애초에 예방이 된다면, 굳이 원치 않는 책임을 질 필요도 없었을 것이고, 우리의 사랑도 조금 더 자유로웠을 것이다.

콘돔의 발명

인간 여성은 다른 동물의 암컷과 달리 배란기가 잘 드러나지 않는다. 이것은 인간이 단순히 생식을 위한 일회성 관계가 아니라 지속적인 관계를 갖도록 유인했고, 인간의 섹스가 쾌락을 추구하는 방식으로 진화하게 만들었다. 하지만 임신 가능성이 언제나 도사리고 있었기에 현대적 피임법이 나오기 전까지 여성은 온전히 섹스를 즐기기 어려웠다. 임신을 막기 위해 고대 이집트 여성들은 실피움 즙을 마시거나 석류 씨를 먹었으며, 고대 중국에서는 수은이 들어간 용액을 마셨다. 하지만 이런 민간요법은 확실한 피임을 약속하지 않았다. 그런 면에서 콘돔의 발명은 획기적이었다.

콘돔에 관한 가장 오래된 기록은 프랑스에서 발견된 1만 5000년 전 벽화다. 비전문가 입장에서 벽화만 보면 좀 억지라는 생각도 드는데, 전문가들이 한 말이니 근거는 있을 것이다. 고대 이집트 시절에는 콘돔과 비슷한 무언가가 사용된 기록이 있는데, 용도가 무엇이었는지는 확실하지 않다. 벌레나 질병으로부터 소중한 곳을 보호하는 일종의 속옷 역할이었다는 설도 있고, 종교

콘돔 사용법을 그린 듯한 고대 이집트 벽화. 이집트인들은 리넨으로 콘돔을 만들었다고 전한다.

이집트 투탕카멘의 무덤에서 발견된 낭심에 차는 무언가(약 3000년 전)

라스코 동굴에 그려진 콘돔을 씌우는 듯한 그림

적 제의로 입었다는 설도 있다.

로마의 시인 오비디우스(Ovidius, 기원전 43~기원후 17)가 2000년 전에 쓴 《변신 이야기》에는 우리가 생각하는 콘돔의 목적(정액이 여성의 몸에 들어가는 것을 막는 도구)에 맞는 콘돔이 등장한다. 크레타섬의 왕 미노스는 정액이 전갈과 뱀으로 변하는 괴이한 성병에 걸린다. 하지만 어떻게든 섹스를 하고 싶어 염소의 방광으로 콘돔을 만들어 사용한다. 판본에 따라 물고기의 부레라고도 하는데, 방광이든 부레든 둘 다 썩 착용감이 좋을 것 같지는 않다. 하지만 그 투박한 콘돔으로 미노스는 즐거운 성관계를 가질 수 있었다. 《변신 이야기》야 신화 모음집이니 당연히 지어 낸 이야기겠지만, 신화에 이런 소재가 나온다는 건 당시에 콘돔이 어느 정도 알려진 방식이었다는 것을 유추해 볼 수 있다. 실제로 동물의 내장이나 천으로 만든 콘돔에 관한 기록은 세계 전역에서 발견된다.

콘돔이라는 이름이 어디서 비롯됐는지는 명확하지 않다. 가장 유명한 설은 17세기 영국 왕 찰스 2세(재위 1660~1685)의 주치의 이름에서 따왔다는 것이다. 찰스 2세는 많은 여자와 즐거운 시간을 보냈는데, 그의 주치의였던 콘돔 박사가 왕의 혈통이 너무 늘어날 것을 걱정해 염소 내장으로 된 피임 도구를 만들었다고 한다. 가장 널리 알려진 얘기지만 가능성은 낮은 설이다. 왕의 주치의라면 분명 기록이 있을 텐데, '콘돔'이라는 이름을 가진 의사는 기록에 남아 있지 않다.

콘돔의 필요성이 대두된 것은 유럽에 매독이 퍼지면서다. 신대륙에서 건너온 매독은 주로 성관계를 통해 전염되는 성병이었는데, 강한 전염력과 사망에 이르는 피해로 사람들을 공포에 떨게 했다. 이탈리아의 의사 가브리엘레 팔로피오(Gabriele Falloppio, 1523~1562)는 자신의 책《프랑스 질병(De morbo gallico)》(사후인 1564년에 출간)에서 매독과 다른 성병을 예방하기 위해 성관계 시 방수 처리한 아마포 주머니를 페니스에 끼울 것을 권고했다(그런데 아이러니하게도 콘돔은 다른 성병은 막지만 매독은 완전히 막을 수 없다). 종종 "오늘은 안전한 날이니 그냥 하자"거나 "밖에다 할게" 하면서 콘돔을 착용하지 않는 사람들이 있는데, 콘돔은 성병을 막는 역할도 한다는 사실을 명심하라. 특히 잘 모르는 사람과 관계를 가질 때는 필수다.

하지만 당시 콘돔은 매우 고가여서 일부 귀족들만이 사용할 수 있었고, 콘돔을 사용하더라도 빈틈이 많아 정액이 빠져나갈 확률도 높았다. 카사노바의 자서전에는 관계를 맺기 전에 콘돔에 바람을 불어 넣어 불량 제품인지 확인했다는 이야기가 나온다.

현대적인 콘돔은 1855년 미국의 발명가 찰스 굿이어(Charles Goodyear, 1800~1860)가 선보였다. 고무라는 재료에 빠져 있던 굿이어는 고무로 신발, 커튼, 명함 등 온갖 자질구레한 것을 만들었는데, 그중 하나가 콘돔이었다. 살아생전 크게 성공하진 못했지만, 그의 발명은 인류의 삶을 크게 바꾸어 놓았다. 굿이어가 세상을 떠나고 10년 뒤인 1890년부터 콘돔은 대량 생산되기 시작해 20세기 자유연애의 확산과 함께 전 세계에 보급된다.

여성들 앞에서 콘돔을 불며 호기를 부리는 카사노바. 카사노바는
정기적으로 콘돔을 사용했다고 한다.

돼지 맹장으로 만든 18세기 콘돔

물고기 부레로 만든 19세기 콘돔

피임약과 연애의 탄생

콘돔은 임신에 대한 공포를 많이 누그러뜨렸다. 하지만 콘돔은 항시 준비되어 있는 것이 아니며, 일부 남성은 사용을 기피하기도 한다. 그 때문에 여성 입장에서는 피임 여부를 스스로 통제할 수 없다는 문제가 있었다.

1954년, 알약 형태의 사전 피임약이 개발된다. 피임약은 호르몬 변화를 가져오는 등 일부 부작용이 있고 꾸준히 복용해야 한다는 귀찮은 점이 있지만, 어쨌든 인류 역사상 최초로 여성이 임신 여부를 완벽히 통제할 수 있게 만들었다.

피임약은 개발 이후에도 사회적으로 인정받기까지 상당한 시간이 걸렸다. 당시 미국에는 음란 정보의 유통을 막는 컴스톡 법 (Comstock laws)이 있었다. 지금으로서는 이해할 수 없지만 당시에는 피임도 음란한 것으로 치부해 피임약도 유통할 수 없었다. 그래서 임상 실험도 미국이 아닌 푸에르토리코에서 이루어졌다. 1957년 최초의 피임약 에노비드가 FDA의 승인을 받고 미국에서 출시되었을 때, 이 약의 목적은 피임이 아니라 월경 조절이었다. 판매자들은 피임은 일종의 부작용이라고 둘러대야 했다. 1960년대가 되어서야 피임약을 피임약이라고 부를 수 있었다. 물론 대다수 사용자는 그전부터 에노비드를 피임약으로 사용하고 있었지만 말이다.

에노비드는 피임약으로 인정받은 뒤에도 '여성의 순결을 위협한다'는 이유로 기혼 여성에게만 판매가 허용됐다. 여성의 안

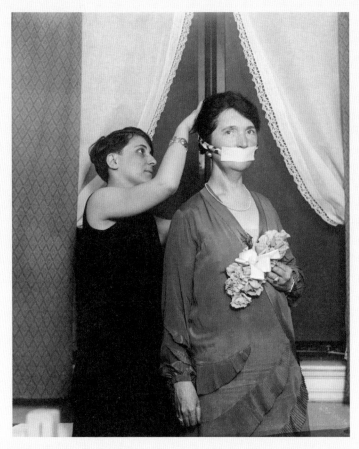

여성이 임신과 출산에 대한 권리를 가져야 한다고 최초로 주장한 마거릿 생어(Margaret Sanger, 1879~1966). 피임권에 대해 말할 권리를 거부당하자 항의 표시로 입을 가리고 있다. 생어가 피임권을 주창하면서 안전하게 먹을 수 있는 피임약 시대가 열렸다.

전을 평계로 삼았지만, 남성 위주의 성윤리가 근본적인 원인이었다. 보수적인 곳일수록 이런 경향은 더 강했는데, 일본은 피임약을 30년이나 금지하다 1999년이 되어서야 허용했다.

피임약의 보급은 여성의 지위를 송두리째 바꿔 놓았다. 원치 않는 임신으로 사회 참여가 제한됐던 여성들이 본인의 의지로 가족계획을 세울 수 있었고, 사회 활동을

최초의 피임약 에노비드.
원자폭탄보다 강한 충격을
인류에게 남겼다.

선택할 수 있게 됐다.

유럽의 68혁명을 시작으로 20세기 후반 들어 여성의 성적 욕망과 자유에 대한 논의가 본격적으로 이루어지는데, 피임약의 확산이 이런 분위기를 만드는 데 기여했다. 피임약과 콘돔이 여성 해방의 일등 공신이라고 하긴 어렵지만, 바탕을 쌓은 것만은 확실하다.

인간의 사고는 모든 것을 가능케 하는 것 같지만, 의외로 현실적 기반 위에 세워진다. 피임으로 인해 섹스와 출산이 분리되지 않았다면, 여성 해방은 공허한 외침으로 끝났을지 모른다. 오늘날 1억 명 이상의 여성이 피임약을 복용한다. 피임약 발명에 결정적 기여를 한 칼 제라시(Carl Djerassi, 1923~2015)는 이렇게 말했다.

피임약이 역사상 처음으로 권력관계에 큰 변화를 일으켰다. 번식 과정에서 남성의 역할은 여성에 비해 미미함에도 불구하고, 이제까지 남성이 재생산 과정에서 권력을 쥐고 있었다. 이제 여성들이 성교의 결과를 통제하는 게 가능해졌다.

세상에는 수많은 약이 있는데, 오직 피임약만이 '그 알약'이라는 대명사로 불린다. 《포춘》과 AFP통신은 '20세기 세상을 바꾼 발명품'에서 피임약을 첫 번째로 꼽았다. 그 아래에 원자폭탄, 텔레비전, 비행기, 이동통신 등이 있다.

옥스퍼드 대학교 생리학과 교수 콜린 블레이크모어(Colin Blakemore)는 "피임약이 전통적인 가족 구조에 변화를 가져왔으며, 여성의 지위를 높여 인류 역사를 바꿨다"고 평가했다. 나는 한발 더 나아가 이렇게 말하고 싶다. 피임약 개발로 진정한 의미의 연애가 탄생했다고.

배란기의 신비

여성은 배란기를 숨기도록 진화했지만, 아무리 그러려고 해도 완전히 숨길 수는 없는 모양이다. 이에 관한 흥미로운 실험이 있다.

뉴멕시코 대학교 심리학과 부교수 제프리 밀러(Geoffrey Miller)는 여성 스트립 댄서 열여덟 명에게 60일간 자신의 생리 주기와 손님에게서 받는 팁의 액수를 기록하게 했다. 그녀들은 하루 다섯 시간을 근무하면 평균 260달러 정도의 팁을 받았다. 하지만 같은 시간을 일해도 임신 확률이 가장 낮은 생리 기간에는 팁을 185달러밖에 받지 못했다. 생리 때는 컨디션이 좋지 않으니 춤을 제대로 추지 못해서 그랬을 수도 있다. 하지만 신기하게도 임신 확률이 가장 높은 배란기 때는 생리 때의 거의 두 배에 달하는 335달러를 받았다. 그리고 더 신기한 일은 피임약을 복용한 댄서들에게는 배란기에 팁을 더 많이 받는 현상이 일어나지 않았다는 것이다.

왜 이런 결과가 나왔는지는 명확하지 않다. 연구진은 댄서들이 호르몬 분비로 인해 배란기에 더 섹시하게 행동했을 것이라 추정하고 있다. 실제로 여성들은 배란기에 더 과감한 의상을 입는 경향이 있다고 한다. 아니면 반대로 남성들이 본능적으로 여성의 손짓이나 행동, 냄새 등을 통해 배란기를 알아채 더 흥분한 걸지도 모른다.

중요한 건 배란기를 드러내지 않아도 상대방이 어느 정도는 안다는 사실이다. 사람들은 같은 사람이 같은 각도로 찍은 사진이어도

가장 공적인 연애사

배란기에 찍은 사진을 더 매력적으로 느끼고, 같은 말을 해도 배란기 때 목소리를 더 매력적으로 듣는다.

이러다 보니 '배란기 여성이 성욕에 더 충실하다'는 속설이 있다. 이는 반은 맞고 반은 틀리다. 침팬지의 경우를 보면, 암컷은 배란기 표시가 명확하다. 엉덩이가 부풀어 오른다. 이 엉덩이를 보고 알아서 수컷들이 달라붙는다. 이때 암컷은 서열이 낮은 수컷은 떨쳐 내고 서열이 높은 수컷만을 받아들인다.

하지만 배란기가 아니어도 침팬지는 관계를 맺는다. 그런데 배란기가 아닌 암컷은 서열이 떨어지는 수컷이 자신을 덮쳐도 특별히 반항하지 않는다. 만약 달라붙는 수컷이 없으면 암컷이 수컷을 먼저 찾아 나서기도 한다. 즉, 임신할 가능성이 없을 때 암컷은 섹스에 더 적극적이다. 앞에서 피임의 발달이 여성을 성적으로 더 자유롭게 한 것과 비슷한 맥락이다.

인간 여성은 배란기에 매우 다양한 증상을 겪는다. 성욕이 증가하는 사람이 있는가 하면, 임신의 위험이 없는 비배란기에 성욕이 늘어나는 이도 있다. 침팬지 암컷처럼 배란기와 비배란기 때 다른 성적 선호를 보이기도 한다. 가령 임신 가능성이 높은 배란기 때는 우두머리 수컷 같은 건장한 체격의 남성을 선호하고, 비배란기 때는 성격, 성실성 등 비신체적 요소를 중요시 여긴다.

밀러는 스트립 댄서의 생리 주기와 수입의 관계를 밝힌 공로로 2008년 이그노벨상(노벨상을 패러디한 상으로, 적어도 연구 내용이 노벨상보다 재미있다는 것은 확실하다) 경제학상을 받았다.

이기적 유전자는 확산을 원치 않는다?

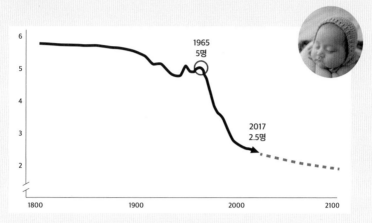

1800년부터 2017년 현재까지 여성 한 명이 낳는 평균 아이 수
출처: www.gapminder.org/topics/babies-per-woman

위 그래프는 여성 한 명이 일평생 낳는 아이의 수를 기록한 것이다. 20세기 중반까지 여성 한 명이 평균 다섯 명을 낳았는데, 이후 이 숫자는 급격히 떨어졌다. 경제가 안정권에 접어든 선진국에선 이 값이 한두 명에서 멈춘다. 한국처럼 극도로 출산율이 낮은 국가도 있지만 대부분은 두 명 선을 유지한다. 1인당 GDP가 중위권인 국가(인도, 중국, 동남아시아 국가 등)도 이제는 자녀를 두 명 정도밖에 낳지 않는다.

왜 사람들은 아이를 적게 낳게 됐을까? 가족이 해체돼서? 더 낳고 싶은데 경제적으로 후달려서? 물론 그럴 수도 있다. 하지만 부잣집이라고 해서 아이를 대여섯 명씩 낳지는 않는다.

그럼 왜 그럴까? 우리는 이 답을 유아 사망률로 추측해 볼 수 있

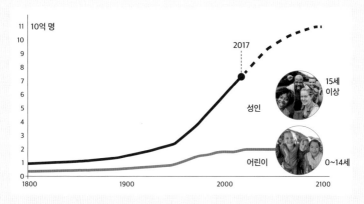

UN이 예측한 세계 인구
출처: Gapminder[17], Maddison[2] & UN-Pop[1, 2]

다. 전 세계적으로 유아 사망률이 아주 낮아졌다. 최빈국을 제외하면 거의 한 자리 수다. 선진국은 1퍼센트도 되지 않는다. 즉, 태어난 아기는 대부분 성인이 된다. 이제 자녀를 낳으면서 그 아이가 어린 시절을 버티지 못하고 죽으리라 가정하는 일은 거의 없다.

20세기 들어 세계 인구는 폭발적으로 증가했다. 지금도 계속 증가 중이며 2100년에 이르면 110억 정도로 늘어날 것으로 예측된다. 하지만 이는 살고 있던 사람들의 수명이 늘어나고 태어난 아이가 죽지 않기 때문이지 사람들이 더 많은 아이를 가져서는 아니다. 위 그래프를 보면, 2000년 이후 인구가 크게 늘었지만 대부분 성인이다. 아동의 숫자는 큰 변화가 없다. 아이의 수는 그대로인데, 수명이 늘어난 어른들의 수는 폭발적으로 늘고 있다.

인류의 역사를 돌이켜 보면 인류는 언제나 두 명의 자녀를 유지했다. 물론 과거 우리네 어머니들은 훨씬 더 많은 자녀를 낳았다. 하

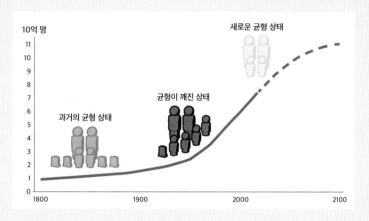

세계 인구

출처: Gapminder[17,30], UN-Pop[1], Maddison[2], Livi-Bacci, Paine and Boldsen & Gurven and Kaplan

지만 평균적으로 그중 두 명 정도만이 성인까지 생존했다. 원시 시대에는 네다섯 명을 낳으면 그중 두 명 정도가 살아남았고, 농경 사회에서는 예닐곱 명을 낳으면 두 명이 살아남았다. 수렵채집에서 농경 사회로 넘어오면서 인류는 자녀를 더 많이 낳았는데, 그것은 노동력이 필요해서기도 했지만, 모여 살면서 전염병과 위생 문제 등으로 유아 사망률이 높아졌기 때문이다.

20세기에 인구가 폭발적으로 늘었던 것은 의학이 발전함에 따라 과거 같으면 죽었을 아이들이 성인까지 살아남아 자녀를 낳았기 때문이다. 시간이 지나자 인류는 발전한 의학에 적응했고, 그에 맞춰 이제는 다시 두 명의 아이만 낳게 되었다. 아마 이 추세는 큰 변화가 일어나지 않는 이상 지속될 것이고, 세계 인구는 110억 정도에서 증가를 멈출 것이다.

가장 공적인 연애사

그러니까 우리는 인간의 번식 욕구에 대해 오해하고 있던 것인지도 모른다. 여성이든 남성이든 자녀는 두 명이면 만족한다. 평균 두 명이란 개인에 따라서는 0명일 수도 있고 다섯 명일 수도 있다. 물론 이 통계만으로 인간이 두 명 이상의 아이를 원하지 않는다고, 자신의 유전자를 퍼트리는 것에 사실은 큰 관심이 없다고 단정할 수는 없다. 하지만 원시 시대와 비교해서 많은 것이 변했다. 출산과 양육은 여전히 많은 이의 삶에 큰 부분을 차지하지만, 적어도 여성을 아이 낳는 기계로 생각하는 이는 이제 거의 사라졌다(고 믿고 싶다).

현대는 섹스와 임신이 가장 동떨어진 시대다. 우리는 가장 많은 섹스를 하지만 가장 적은 임신을 한다. 더는 자식을 낳기 위해서 섹스를 하지 않는다. 어차피 아이를 낳으려고 섹스를 하는 것이 아니니 성소수자도 전혀 문제될 게 없다. 인간은 유전자의 명령을 초월했으며, 섹스의 의미를 변화시켰다. 이제 섹스와 연애의 본질은 생식이 아니라 오락이 됐다. 그러니 앞서 생명의 본능 어쩌면서 주저리주저리 늘어놓았던 내용은 잊어도 좋다. 인간적인 것이란 자연적인 욕구마저도 초월해 새로운 질서를 만들어 내는 것이기 때문이다.

연애에서 출산까지,
직진은 그만

"왜 난쟁이가 춤을 추지 않는 거죠?"

"왜냐하면 그의 마음이 산산이 부서졌기 때문입니다."

그러자 왕녀는 얼굴을 찡그렸고, 우아한 장미 꽃잎 같은 그녀의 입술은 경멸감으로 일그러졌다.

"앞으로는 마음이 없는 애들만 저한테 놀러 오게 하세요."

-오스카 와일드 《공주의 생일》에서

우리 뇌가 원하는 사랑은 크게 세 가지로 볼 수 있겠다. 하나는 '성욕'이다. 우리는 성욕이 있기 때문에 적극적으로 파트너를 찾아 나선다. 섹스. 두 번째는 '로맨틱한 사랑'이다. 우리는 누군가를 특별하게 만들어서 그 사람과의 관계에만 집중한다. 연애. 마지막으로 '깊은 애착'이다. 파트너와 오래도록 함께 있고 싶은 욕망이다. 그래서 자식을 낳고 키우는 것이 가능하다. 결혼과 출산.

과거에는 이 셋을 분리하기 어려웠다. 지금도 자연 상태의 동물에게는 이 셋이 분리되지 않는다(물론 동물에게 결혼 제도는 없겠지만). 하지만 현대인들에게는 이 각각의 욕망이 꼭 연결될 필요가 없으며, 각 부분을 다른 사람과 연결해도 된다. 심지어 그 대상이 꼭 연인일 필요도 없다. 현대인에게 연애와 섹스, 결혼과 출산은 함께 가는 것이 아니다. 이 네 가지가 분리되기 시작하면서 사회에는 새로운 형태의 삶이 등장한다. 그리고 이 모든 것이 가능한 이유가 결국 인간의 성선택이 발전시킨 것이 우리의 뇌이기 때문이다.

정자은행, 난자은행 그리고 대리모

예전에 '연애 따로, 결혼 따로'라는 말이 유행한 적이 있다. 연애는 매력적이고 치명적인 상대와, 결혼은 안정적이고 따뜻한 사람과 한다는 의미다. 중매로 만나 결혼하던 시대에서 벗어나, 자유연애와 이별이 자유로워진 세대의 모습을 드러낸 표현이다. 그리고 이제 우리는 '결혼 따로, 출산 따로'라 할 만한 시대로 진입하고 있다.

이스라엘 헤브루 대학교 하가이 레바인(Hagai Levine) 교수는 지난 40년간 발표된 연구 자료를 토대로 남성의 정자 수를 비교했다. 이에 따르면 북미, 유럽, 호주, 뉴질랜드 지역의 남성의 정자가 40년간 절반으로 감소했다고 한다. 아시아와 남미가 빠진 건 추적 조사를 하지 않았기 때문이지 정자왕이어서는 아니다. 삶의 형태나 식습관 등이 세계적으로 비슷해지고 있으니 정자 수 감소도 전 세계 현상일 가능성이 크다. 물론 정자는 양이 많으니 양보다 질이 중요한 것 아니냐며 따질 분도 있을지 모르겠다. 하지만 안타깝게도 정자의 질 역시 지난 40년간 매년 1.4퍼센트씩 떨어져 현재 절반 정도로 감소했다.

지난 40년간 대체 무슨 일이 있었기에 이리되었단 말인가! 원인은 명확히 규명되지 않았다. 농약과 환경호르몬, 비만, 흡연, 스트레스, 과도한 좌식 생활 등 말을 하나 마나 한 것들이 원인으로 추정될 뿐이다.

남자가 여자의 몸에 사정을 해서 임신을 하려면 정자 수의 최저 한계선을 넘어야 한다. 그 숫자를 충족하지 못하면 정자가 있어도 임신될 확률은 급격히 낮아진다. 지금 인류의 정자 수는 그 커트라인에서 간당간당하게 턱걸이를 하고 있다. 만약 정자 수의 하락이 계속된다면, 인류는 자연 임신이 불가능한 지경에 이를 것이다. 지금도 불임 커플의 35퍼센트는 정자감소증이 직접적 원인이다. 물론 이건 어디까지나 평균이니까 섹스를 통한 자연 임신이 완전히 사라지진 않겠지만, 자연 임신을 기본으로 여기는 시대는 곧 지나갈 것이다. 다행히 기술의 발달로 정자가 하나라도 있으면 시험관 아기가 가능하니 인류의 대가 끊기는 일은 없겠지만, 표면적으로나마 남아 있던 섹스와 임신의 연관성은

가장 공적인 연애사

사라질 것이다.

정자은행, 난자은행은 이제 하나의 시스템으로 안착했다. 십만 원만 주면 건강하고 학벌 좋은 20대의 싱싱한 정자를 얻을 수 있다. 반면 난자의 가격은 수백만 원을 호가한다. "웬 성차별?" 할 수도 있겠지만, 여성이 한 달 동안 배출하는 난자는 한두 개에 불과하고, 난자 추출 과정에서 호르몬 투여를 받은 여성 중 일부가 합병증으로 불임이 되는 경우가 (가끔이지만) 발생한다는 사실을 감안하면, 납득 가능한 금액이다.

2020년 4월, 미국 뉴욕시는 상업적 대리모를 합법화했다. 이로써 장애 혹은 자궁 문제로 아이를 가질 수 없는 여성, 솔로 남성과 게이 커플도 아이를 가질 수 있게 되었다. 뉴욕뿐 아니라 미국 대다수 주와 멕시코, 영국, 호주, 아일랜드, 태국, 베트남, 덴마크, 그리스, 러시아, 우크라이나 등에서도 대리모 제도를 운영하고 있다. 할리우드 배우 니콜 키드먼과 키스 어번 부부, 카네이 웨스트와 킴 카다시안 부부도 대리모를 통해 아이를 가졌으며, 솔로인 루시 리우도 대리모를 통해 아이를 얻었다. 축구선수 호날두는 첫째 부인과 이혼하고 솔로일 때 대리모를 통해 쌍둥이를 출산했다. 이후 다른 여성과 재혼하긴 하지만, 법적으로 솔로 상태에서 아이를 가졌다.

대리모에 대해서 저마다 의견이 있을 것이고, 종교에 따라 의견이 나뉠 수 있다. 여성의 신체를 사실상 자본화한 것이라는 비난은 충분히 고민해 볼 만한 지적이며, 입양이라는 방향이 있는

데 굳이 자신의 유전자에 집착해야 하는가 하는 의문에도 일리
가 있다. 하지만 일부 국가에서 대리모 제도는 이미 자리를 잡았
고, 이러한 추세로 본다면 아마 한국에서도 십여 년 안에 공론화
될 것이다. 이미 해외로 나가 대리모를 통해 자신의 아이를 갖는
한국인들도 많다. 나는 이 사안에 대해 도덕적 의견을 달 생각은
없다. 내가 관심 있는 것은 이런 출산 방식이 연애 관계에 어떤
변화를 가져올 것인가 하는 점이다.

수명 다한 가족 제도

차이는 대립이 아니다. 하지만 많은 이가 그렇게 이해한다.

"넌 나처럼 행동하지 않는구나. 사람들은 항상 이렇게 해야
한다고 말했는데…… 넌 왜 이해하려고 하지 않니?"

과거 연인 사이에 이런 말은 치트키였다. 연인 혹은 부부라는
관계가 설정되고 나면 맡은 바 역할에 충실해야 했다. 모든 연인
이 그렇진 않았지만, 대다수 연인은 거짓된 융화 모델을 채택한
다. 그들은 각자의 개성을 지워 버리고 최소한의 공통분모를 찾
은 다음 거기에 몰두하며 하나가 된다.

"난 친구들이랑 축구하러 가지 않을 거야. 그건 네가 네 친구
들과 영화 보러 가는 걸 원치 않기 때문이야. 우리 함께 좋아하는
일을 하자."

하지만 두 사람이 함께 좋아하는 일은 별로 없다. 결국 부부에

게 남는 최후의 공통 관심사는 아이뿐이다. 그들은 완성되지 않는 것(육아)을 완성하기 위해 젊음을 갈아 넣고 가족의 평화를 지킨다. 철학자 헤겔은 자신의 철학인 변증법을 이 불쌍한 부부에게 적용했다. 남편과 아내라는 '정'과 '반'이 만나(대체 누가 정이고 누가 반인가) 아이라는 '합'을 이룬다. 그렇게 사회는 개인을 지우고 기존 부부관계를 합리화한다. 이처럼 평등이라는 이름으로 욕망하는 주체로서의 개인을 부정하고 가족이 되는 것이 커플의 유일한 출구였다.

하지만 현대에는 더는 그럴 필요가 없다. 오늘날의 가족 제도는 지금 시대와 맞지 않다. 너무 자본주의적인 말이지만, 독신 상태가 업무에 더 적합하다. 특히 여성에게 더욱 그렇다. 과거에는 여성이 집안일을 도맡았으므로 남성이 사회생활을 하는 데 결혼이 발목을 잡지 않았다. 오히려 도움이 됐다. 하지만 여성에게 결혼은 사회생활의 종말을 의미했다.

연애고 뭐고
다 하지 말자

비혼, 비출산, 비연애, 비섹스를 4B라고 한다. 한자 非(비)를 알파벳 B로 표시할 이유는 전혀 없지만, 원래 신조어란 정체불명으로 뒤섞여야 제맛이니까. 4B를 인터넷에서 검색해 보면 '래디컬 페미니즘에서 만든 표어'라는 설명이 나온다. 그럴 수도 있겠다 싶다. 페미니스트 중에서 비혼, 비출산을 실천하는 이를 종종 볼 수 있으니까. 하지만 아무리 뜻이 좋다 한들 연애와 섹스를 하고 싶어 하는 사람을 운동으로 막을 수 있을까? 그런 게 가능했다면 교회나 일부 고등학교에서 하던 순결 서약이 왜 지켜지지 않았으며, 보수적인 교육을 받은 우리가 어떻게 진보적인 사람이 되었겠는가. 순결 서약 하다가도 눈 맞는 게 사람이다. 그러니까 4B는 운동이라기보다는 하나의 흐름으로 보아야 한다.

《종의 기원》을 국내 최초로 완역한 장대익 교수는 한 강연에서 이런 말을 한 적이 있다.

요즘 젊은 세대가 결혼과 출산을 하지 않는 것은 진화론적으로 보면 당연해요. 생명체는 환경이 척박해지면 자식을 적게 낳거든요. 지금 여건도 좋지 않지만 장기적으로 불안한 환경이 지속된다면 생명체는 더 자녀를 적게 낳을 겁니다.

정확하진 않지만 대충 이런 내용이었다. 한국의 결혼율과 출산율은 매년 떨어져 최하 기록을 갈아 치우고 있다. 그래서 보수 꼰대들은 "요즘 젊은 것들은 고생을 몰라. 우리 때는 단칸방 들어갈 돈이 없어도 결혼했어"라고 꼰대 짓을 하고, 진보 꼰대들은 "그래도 결혼은 해야 할 텐데, 요즘 젊은이들이 살기엔 환경이 너무 열악해. 다 우리 탓이야" 하며 미안한 척 꼰대 짓을 한다. 실제로 꽤 많은 젊은이가 연애를 하고 싶어도 못하고 결혼을 하고 싶어도 못하고 출산을 하고 싶어도 못하고 섹스를 하고 싶어도 못한다. 그렇다 보니 나름 진보적 가치를 표방하는 정당의 한 국회의원 후보는 '4B운동 지양 방안'을 공약으로 내거는 어처구니없는 해프닝이 벌어지기도 했다. 해당 후보는 당시 페미니즘 진영으로부터 한바탕 신나게 욕을 먹었지만, 나는 그 후보가 특별히 여성을 무시하는 사람이어서 그랬다고는 생각지 않는다. 그 후보는 그냥 자신의 관점에서 연애와 결혼도 못하는 요즘 세대가 안타까웠을 뿐이다.

하지만 기성세대의 편견과 달리 많은 4B들은 자발적으로 4B를 실천한다. 아마 경제적인 문제가 해결된다고 해도 4B가 완전히 사라지진 않을 것이다(이건 끝내 알 수 없을 텐데, 왜냐면 경제는 결코 좋아지지 않을 것이기 때문이다).

익숙해서 대수롭지 않게 여기겠지만, 사실 연애는 상당히 귀찮은 일이다. 결혼과 출산과 육아는 더 귀찮다. 물론 인간은 이 귀찮은 과정에서 즐거움을 느낀다. 그래야 자신의 유전자를 퍼트리는 욕망에 충실할 수 있으니까. 아이를 낳으려고 연애를 하고 결혼을 하는 것은 아니지만, 결국 그 과정으로 우리의 뇌가 프로그래밍되어 있기 때문에, 연애 문화도 비슷하게 발전했다. 하지만 이런 욕망들을 제거하고 보면 연애는 귀찮고 불합리하다. 반면 4B는 합리적으로 보인다. 상당수 사람이 자신의 에너지를 연애, 결혼, 출산, 육아에 끌어다 바친다. 만약 이 에너지를 자신을 위해 쓴다면 우리는 훨씬 더 큰 사회적 성취 혹은 자아의 완성을 이룰 수 있을 뿐 아니라 적어도 더 많은 맛집에 갈 수 있다.

4B를 모두 지키는 경우는 드물어도, 섹스와 연애, 결혼과 출산 중 한두 가지를 하지 않는다고 선언한 이들은 주변에서 쉽게 찾을 수 있다. 과거에는 이 네 가지가 하나의 사이클로 돌아갔기 때문에 이 중 두 가지 이상을 하지 않기가 어려웠다. 연애를 하면 결혼을 하고 섹스를 하고 출산을 한다. 하지만 이제 이 사이클은 깨졌다. 모든 것이 별개로 작동할 수 있게 되었다. 사이클이 깨지면 결국은 모든 단계에 이유가 필요하다. 당연히 사람마다 설득이 안 되는 단계도 생겼다. 그러니 어떤 정책을 펼치더라도 전통적인 삶을 살아가는 이들의 비율은 줄어들 것이다.

가장 공적인 연애사

케이크가
섹스보다 달콤하다

그런데 한편으로 현대는 과잉 성애의 시대다. 사회는 연애를 부추긴다. 섹스를 부추긴다. 앞에서 4B를 이야기했지만, 그중 가장 지켜지지 않는 게 연애와 섹스다. 결혼과 출산은 안 해도 그러려니 하지만, 연애와 섹스를 못하면 이상하게 바라본다. 과거에는 쉬쉬했던 섹스 얘기가 지상파 방송에서 농담으로 버젓이 등장한다. 유명한 섹스 칼럼니스트들은 하루가 멀다 하고 새로운 섹스 팁을 전수한다. 성소수자에 대한 차별은 이제는 적어도 교양인들 사이에서는 없다(이 말인즉슨 당신이 차별을 한다면 당신은 비교양인……). 성소수자여도 사랑만 한다면 OK. 당신이 사디스트여도, 마조히스트여도, 섹스를 할 때 욕 듣는 걸 좋아해도(전문 용어로 디그레이디) 상관없다. 하지만 당신이 연애와 섹스를 하지 않는다면 사람들은 뒤에서 수군거린다.

"저 사람 어디 문제 있는 거 아냐?"

무성애자(asexual)도 이런 소리를 듣는 사람들 중 하나다.

무성애자에 관한 가장 큰 오해는, 무성애자는 사랑이라는 감정 자체를 느끼지 못한다고 여기는 것이다. 무성애자는 성욕을 느끼지 않을 뿐 사랑에 대한 갈망은 있다. 간단히 말하면 사랑하는 사람과 함께 있고 싶어 하지만, 섹스는 하고 싶어 하지 않는다. 이런 경우를 '로맨틱 무성애자'라고 한다. 반면 연애는 하고 싶지 않지만 섹스는 하고 싶은 사람도 있을 텐데, 이들을 '무로맨틱 유성애자'라 한다. 물론 무로맨틱 무성애자도 가능하다. 이 사람들이야말로 어쩌면 진정한 무성애자일지도 모르겠다.

모든 표현을 조심스럽게 할 수밖에 없는 이유는 아직 무성애에 대한 제대로 된 조사 결과가 없기 때문이다. 무성애자의 수가 정확히 얼마인지는 아무도 모른다. 독보적인 무성애 연구가인 캐나다 브록 대학교의 심리학과 교수 앤서니 보개트(Anthony Bogaert, 사실 이 사람 외에는 없다)는 세계 인구의 1퍼센트가 무성애자라고 주장한다. 이 수치는 영국인 1만 8000명을 조사해 확대 적용한 것인데, 만약 이 주장을 받아들인다면 전 세계에는 8000만 명의 무성애자가 있는 셈이다.

무성애자는 모든 성정체성이 그렇듯이 기준이 애매하다. 가령 무성애자 중에도 섹스를 하는 사람이 있다. 섹스를 혐오할 정도의 무성애자가 아니라면 자신은 별로 원하지 않더라도 파트너가 원할 때 섹스를 할 수 있고, 심지어 그 과정에서 즐거움을 얻을 수도 있다. 섹스를 할 때 만족감을 느끼면 스스로도 자신이 무성애자인지 아리송해할 것 같다. 자신은 딱히 원하지 않는데 파트너가 원하는 일을 해 줌으로써 즐거움을 느껴 본 경험이 다들 한 번씩은 있을 것이다. 여성 중 상당수는 성적 흥분이 되지 않더라도 파트너의 기분을 맞춰 주기 위해 섹스를 한 경험이 있다고 한다. 물론 이렇게 답변한 사람 모두를 무성애자라고 하긴 어렵지만, 그중 일부는 무성애자일 수 있고, 어쩌면 1퍼센트가 넘을 수도 있다.

무성애자에 대해 무지한 이들이 하는 큰 착각은 "네가 아직 남자(혹은 여자) 맛을 몰라서 그래"가 아닐까 싶다. 무성애를 연애 경험 부족 혹은 잘못된 연애 탓, 그도 아니면 정신질환의 일종으로 보는 것이다. 하지만 이런 생각은 올바르지 않으니 영원히 넣어 두자. 설령 제대로 된 연인을 못 만나 스스로를 무성애자라 착각하는 사람이 있다 한들 대체 그게 무슨 상관인가? '우리 그냥 사랑하게 해 주세요'를 존중해야 하듯 '사랑할 생각이 없어요'도 존중받아야 마땅하다. 물론 우연히 무성애자를 사랑하게 된 유성애자는 상상도 못할 고통에 시달리겠지만, 어쩌겠는가. 상대방을 존중하는 것이 사랑인 것을.

섹스는 가까운 관계에서 감정을 표현하는 하나의 방법이지 유일한 방법은 아니다. 사랑과 섹스가 꼭 연결될 필요는 없다. 신분제 사회에서는 결혼 따로, 연애 따로 하는 경우가 많았고, 아직도 그런 사람들이 많다. 생각해 보면 기독교에서 말하는 성교도

에이섹슈얼 프라이드 깃발이
케이크에 꽂혀 있다.

이를 분리하고 있다. 그들은 출산을 목적으로 한 부부의 섹스만
을 인정하는데, 이 섹스는 사랑의 표현이 아니라 출산을 위한 도
구일 뿐이다. 과거에도 분명 무성애자들은 존재했을 것이다. 하
지만 섹스와 사랑이 별개로 움직였기에 이들은 드러나지 않았다.
오히려 연애결혼을 하고 사랑과 섹스가 필연적인 것이 되면서
이들의 존재가 사회에 드러나게 됐다. 그 일치를 도저히 받아들
일 수 없기 때문에.

마지막으로 무성애자들이 종종 사용하는 캐치프레이즈로 끝
낼까 한다.

케이크는 섹스보다 달콤하다.

가장 공적인 연애사

모두를 사랑하거나 누구도 사랑하지 않거나

무성애자와 비슷한 다른 부류의 사람들도 있다. 적당한 표현을 못 찾아 그냥 '진보적 무성애자'라 부르겠다(생물학적으로 진짜 진화한 건 아니겠지만, 읽다 보면 왜 진화라고 표현했는지 이해가 될 것이다). 진보적 무성애자들은 연애와 결혼을 근대 자본주의의 산물이라고 여겨 이 자체를 거부한다. 그렇다고 해서 그들이 과거 삶의 방식을 채택하느냐 하면 그건 또 아니다. 그들은 인류를 진정으로 사랑하려면 개인의 사랑을 넘어서야 한다고 주장한다. 그들은 개인 대 개인의 사랑이라는 것 자체를 부정적으로 본다.

메이지가쿠인 대학교 사회학부 교수 가토 슈이치는《연애결혼은 무엇을 가져왔는가》란 책에서 연애결혼이 우생학과 맞닿아 있다고 지적한다. 우생학은 능력과 성격이 유전적으로 결정된다고 보고, 우수하다고 간주되는 사람은 많은 자손을 남기게 하고, 열등하다고 간주되는 사람은 자식을 낳지 못하게 하여 '인류의 질'을 향상시키려고 한 학문이다. 유색인종과 장애인에 대한 편견으로 가득 찬 사이비 과학이지만, 19세기부터 20세기 전반까지 많은 나라에서 우생학을 새로운 과학으로 받아들였다.

그런데 우생학이 유행한 시기와 연애결혼이 확산된 시기가 비슷하다. 어쩌다 그렇게 되었을까? 생각을 해 보자. 우생학 지지자들이 모두 괴물은 아니다. 그들도 대놓고 뒤떨어지는 이들을 죽여야 한다고 말하지는 않았다. 다만 '건강한 아이', '우수한 아이'를 낳고 싶은 사람들의 욕망을 파고들었다. 그들은 "훌륭한 자녀를 얻으려면 우수한 배우자를 선택해야 한다"고 속삭이면서 "좋은 상대와 연애하고 결혼하는 것이 행복"이라는 말로 개인 스스로가 필터 역할을 하도록 연애결혼을 적극 장려했다. 국가나 민족을 내세우지 않고 짝을 고르는 과정에서 사람들이 자발적으로 우생학을 실천하도록 부채질한 것이다.

생각해 보면 연애만큼 자본주의적이며 잔혹한 경쟁의 세계가 없다. 데이트의 탄생에서 이야기했지만, 데이트의 모든 과정에는 돈이 든다. 정성이 중요하다고 말하고 싶지만, 정성도 구매할 수 있다. 함께 시간을 보내고 여행을 가는 것도 다 돈이다. 사람들은 연애에 목숨을 걸기 때문에 사회주의자를 자처하는 사람들도 파트너를 유혹할 때에는 돈을 아끼지 않는다. 연애 중일 때는 연인에게, 연애를 하지 않을 때는 연애를 하기 위해 돈을 쓴다. 연애 경쟁은 삶을 잠식할 정도로 치열하지만, 패자에게는 그 어떤 복지도 없다. 선택받지 못하면 끝이다. 그런데도 모두가 이 불공정한 조건을 받아들인다. 자유로움과 평등이 끝끝내 실현되지 않을 세계가 딱 하나 있다면 그것이 연애와 결혼이다. 인간은 평등한데 왜 인기 있는 사람만 늘 인기 있는가?

현대의 연애와 결혼은 로맨스로 포장되어 있지만, 여전히 조건이 중요하다. 만약 유전자 검사가 활성화되면, 우리는 소개팅을 할 때 검사 결과를 전송해야 할 것이다. 나는 앞에서 개인의 연애에 대해 말하며, '부족함을 기꺼이 감수하는 것이 사랑'이라고 했다. 하지만 그건 일부 사람들만의 얘기다. 지금도 많은 경우 조건이 사랑에 선행한다. 조건 때문에 사랑을 포기하는 것이 아니라, 애초에 그 조건을 갖춘 상대를 사랑한다. 그리고 이제는 그 사랑 자체도 조건이 된다. 사랑을 할 정도의 여유가 있어야 한다. 왜 사랑 가능한 사람만 사랑하는가? 여기서 우리는 매우 심각한 문제에 직면한다. 자신의 행복을 추구하는 자연스러운 욕구가 인간을 생물학적으로 차별하고 선별한다면, 우리는 어떻게 해야 할까?

진보적 무성애자들은 이 지점에서 등장한다. 그들은 본능을 과감히 넘어서서 짝짓기의 불평등을 지적한다. 그리고 우리가 사회적으로 쏟을 에너지를 개인의 연애에 쏟음으로써 인생을 허비한다고 말한다. 엘리자베스 1세가 국가와 결혼했듯 이들은 사회와 결혼한다. 연애는 하지만 섹슈얼한 행위를 하지 않는 무성애자와는 다르다. 이들은 연인 간의 애정 관계 자체를 갖지 않는다. 개인 대 개인의 연애 감정을 벗어나야 한다고 믿는다. 생물학적으로 그것은 본능을 한참 벗어난 것일 수 있지만, 이 사고 과정만은 지독히 매혹적이지 않은가.

왜 너희들만
연애해!

물론 이런 세태에 적응하지 못하는 이도 많다. 가스통을 짊어지고 거리를 점령해 소수자를 혐오하기도 하고 인터넷에서 열심히 트롤링을 하기도 한다. 젊은 사람이라고 해서 예외는 아니다.

페이스북, 인스타그램, 트위터, 틱톡도 없던 1997년, 20대 캐나다 여성 알라나가 자신처럼 연애를 못하는 사람들을 위해 인터넷 웹사이트를 개설한다. 자신을 희화화하는 이름인 '비자발적 금욕주의(Involuntary Celibacy Project)'라는 사이트였다. 사용자들은 사이트 이름을 따 자신들을 비자발적 금욕주의자(Involuntary Celibate), 줄여서 인셀(Incel)이라 불렀다. 이 사이트는 곧 연애에 실패한 솔로들의 성지가 되었다. 사람들은 자신의 고백이 어떻게 실패했는지를 하소연했고, 자신을 찬 상대에 대한 푸념을 늘어놓았다. 몇몇 사용자가 자신을 떠난 상대에 대해 분노하며 욕설을 하기도 했지만, 사이트는 전체적으로 분위기가 좋고 유머가 있었다. 당연히 모든 커뮤니티가 그렇듯 눈이 맞아 커플이 되는 사람들도 생겼다. 사이트를 만들었던 알라나 역시 새 연애를 시작하면서 사이트 운영을 2기 운영진에 넘기고 그곳을 떠난다.

2014년 미국 캘리포니아에 사는 20대 청년 엘리엇 로저는 본인이 거주하던 아파트에 살던 남성 세 명을 칼로 찔러 죽이고, 차를 타고 아파트를 빠져나갔다. 기숙사로 이동한 그는 무작위로 주변에 총격을 가했다. 여성 두 명이 사망하고 남녀 두 명이 부상을 입었다. 이후 그는 근처 마트로 이동해 다시 총격을 가했고 남성 한 명이 사망했다. 이후 차를 운전하면서 행인들에게 총을 쏘았고, 일부 행인을 차로 치기도 했다. 그는 경찰과 총격전을 벌이며 도주하다 머리에 총을 쏴 자살한다. 그의 차량에서는 반자동 소총 세 자루와 총알 400여 발이 발견됐다.

로저는 범행을 일으키기 전, 주변인들에게 141쪽 분량의 인생 이야기를 써서 보냈다. 이는 일종의 유서이자 범죄 선언인데, 간추리면 자신이 여성들에게 선택받지 못했으니 그 보복을 하겠다는 내용이었다. 로저의 가정은 평탄했고, 부모는 어느 정도 재력을 갖고 있었다. 그 역시 정신질환 증세는 없었고, 과격한 종교나 정치적 신념에 빠지지도 않았다. 그는 순전히 연애를 못했다는 이유로 분노하고 테러를 일으켰다. 역사에 기록될 인셀의 첫 번째 테러였다.

동물 세계에서 가장 위험한 것이 외로운 수컷이다. 일부다처

가 일상인 동물 세계에서 경쟁에 패한 수컷들은 두 가지 행태를
보인다. 결과에 순종하는 척 쭈그려 살면서 호시탐탐 기회를 노
리거나, 무리에서 쫓겨나 외로운 수컷이 되는 것이다. 외로운 수
컷은 점점 폭력성을 키워 간다. 그들은 무리를 이뤄 홀로 떨어진
암컷을 덮치거나 경우에 따라서는 수컷 파트너를 제압하고 암컷
을 덮친다.

인간 사회에서도 종종 이런 수컷이 있었지만, 사회적으로 드
러나거나 문제가 되진 않았다. 하지만 21세기 이후 이것이 하나
의 움직임을 이루고 사회 현상으로 드러나고 있다. 알라나가 만
든 비자발적 금욕주의 사이트는 점점 과격해졌다. 어느새 남초
사이트가 되었고, 그들은 자신들의 분노를 증폭시키기 시작했다.
그들은 일부 인기 있는 남성(알파메일)이 여성을 독차지한다며 분
노하고, 잘난 남자만 만나려는 여자들을 혐오한다. 그들의 세계
에서 여자들은 돈만을 노리는 골드디거(gold-digger)가 되거나 알
파메일에게 이용당하고 버려지는 멍청하고 헤픈 여자 혹은 인기
가 없으니 투정을 부리는 페미니스트가 된다.

과거의 인터넷 루저들은 자학적인 농담을 하고 서로를 놀리
며 시간을 보냈다. 반면 인셀들은 자신들이 지질하다는 사실과
마주하기보다는 타인에 대한 혐오를 드러내며 그들을 처단하는
것에 몰입한다. 이를 일종의 복수나 영웅 서사로 이해한다. 만약
엘리엇 로저의 테러가 과거에 일어났다면 인터넷 루저들은 그를
비웃고 말았을 것이다. 하지만 인셀의 세계에서 그는 최초의 영

웅이 된다.

2018년 4월, 한 캐나다 청년이 로저를 찬양하는 글을 올리며 "인셀의 반란이 시작됐다"고 선언한 다음, 밴을 몰고 인도로 돌진해 행인 열 명의 목숨을 빼앗았다. 52명의 사상자를 낸 미국 플로리다 고교 총기난사사건의 범인도 로저를 기리는 글을 인터넷에 올린 적이 있다.

물론 인셀의 대부분은 인터넷상에서 페미니스트를 조리돌리는 정도의 가벼운(?) 범죄만 일으킨다. 하지만 2000년대 이후 인셀은 백인 우월주의, 남성 우월주의, 반유대주의에 기반을 둔 극우파와 결합해 자신들의 입장을 정치화하며 점점 더 과격한 양상을 보이고 있다.

학자들은 인셀이 가부장제가 무너지기 시작하면서 남성들이 무임승차로 얻던 기득권이 점점 더 사라지자 이에 분노하여 발생한 현상이라는 당연한 소리를 한다. 과거에는 능력과 무관하게 어쨌든 결혼을 할 수 있었다면, 현대에는 연애와 결혼이 분리되고 결혼을 하지 않으려는 여성이 늘어나면서 파트너를 구할 수 있는 가능성도 낮아졌다. 실제로 비혼주의자나 무성애자의 통계를 보면 여성과 남성의 비율이 7 대 3 정도로 확연히 차이가 난다. 물론 과거도 파라다이스가 아니었고 파트너를 구하지 못하는 사람이 있었겠지만, 지금처럼 그 모습이 외부로 드러나진 않았다. 인스타그램을 비롯한 소셜미디어에 사생활이 드러나면서 타인들은 바퀴벌레마냥 서로 정다운데, 자신만 연애하지 못하고 있다는 느낌이 이들을 더욱더 강한 분노로 몰아붙인다.

연애는 공평하지 않다. 어느 쪽이든 더 상처받을 수 있다. 하지만 인셀 현상은 2, 30대 백인 남성에게서 가장 많이 보인다. 이들이 다른 사람들보다 특별히 더 많은 상처를 입는다고 보긴 어렵다. 이에 대해서는 범죄학자 로버트 머튼(Robert Merton)의 분석에서 힌트를 얻을 수 있다. 그는 주류에 속하는 사람들은 사회적으로 실패할 경우 박탈감을 훨씬 크게 느끼기 때문에 범죄자가될 가능성이 크다고 설명한다. 인셀이 어쩌다 인셀이 되었나 하는 것은 상당히 흥미로운 주제지만, 이유야 어쨌든, 연애를 못한다는 이유로 극단적인 행동을 하는 것까지 동정해 주긴 어려울 것 같다.

다만 최근 인셀로 인한 사건, 사고가 늘어나면서 연애를 하지 않는 남성, 특히 성적 매력이 떨어지는 남성을 인셀로 몰거나 밈을 만들어 비하하는 경우가 종종 발생한다. 어떤 이유에서건 연애를 포기하고 자신의 삶을 살아갈 뿐인 사람에게 인신 공격성비난을 하는 것은 그 자체로 잘못되었을 뿐 아니라, 사회 통합에도 별로 도움이 되지 않는다. 더욱이 이런 편견은 비혼 여성들이받던 차별을 그대로 반복하는 것이니 그만두도록 하자.

가장 공적인 연애사

폴리아모리,
그거 불륜 아닌가요?

질투는 천 개의 눈을 가지고 있지만,

한 개의 눈도 제대로 보지 못한다.

–《탈무드》에서

2003년 미국 매사추세츠 주 대법원은 동성혼 금지 조항을 위헌이라 판결하며, 이렇게 선언한다.

결혼은 우리 공동체가 매우 소중히 여기는 제도입니다. 출산이 아니라 서로에 대한 독점적이고 영원한 약속이 바로 결혼의 본질이자 목적입니다.

결혼은 출산을 위한 것이 아니니 이성이든 동성이든 결혼할 수 있다는 것이 요지다. 이 판결문을 들으며 그동안 결혼을 할 수 없었던 동성애자들, 그리고 아이를 낳지 못하는 혹은 낳지 않은 부부들은 감동의 눈물을 흘렸을지 모르겠다.

하지만 누군가에게는 저 해석이 털썩 주저앉을 만큼 지독히 보수적으로 느껴질 수도 있다. '타인에 대한 독점적이고 영원한 약속'이 결혼이라니. 결혼이 동성애자를 비롯한 다른 성소수자에게 확대되더라도 이 점만은 변하지 않았다. 결혼하지 않아도 마찬가지다. 연애 역시 본질은 독점이다.

사랑은 독점이라는 진리에 정면으로 도전하는 관계가 있으니 바로 '폴리아모리(Polyamory)'다. '많음'을 뜻하는 그리스어 폴리(poly)와 '사랑'을 뜻하는 라틴어 아모르(amor)의 합성어로, '비독점적 다자연애'라고 번역한다. 기존의 독점적 일부일처제를 모노가미(Monogamy)라고 하는데, 폴리아모리는 이에 대항하는 형태라고 보면 된다. 폴리아모리스트들은 싫어하는 설명이긴 하지만, 간단히 말하면 여러 사람을 만나는 것이다.

그거 불륜 아닌가요

폴리아모리를 잘 모르는 사람들은 설명을 듣고 나면 곧바로 이렇게 말한다.

"그렇구나. 근데 그거 결국 불륜(혹은 바람) 아니니?"

불륜, 흔히 쓰는 단어라 별 느낌이 없을 수 있지만, 한자를 풀어 보면 정말 심각한 뜻이다. 不倫, 인륜이 아니다. 불륜은 상대방을 속이고 다른 사람을 만나는 것이니 어떤 상황이든 간에 전혀 문제가 없다고 할 수는 없다. 그런데 아무리 그렇다고 하더라도 타인을 사랑하는 것이 인류이 아니라고 말할 정도의 천인공노할 일인가? 인륜을 어겼다는 표현은 부모를 죽인 후레자식에게나 쓰는 표현인데 말이다. 불륜은 그냥 이름이 불륜이다. 아마 김민희-홍상수 커플은 대중에게 영영 용서받지 못할 것이다. 홍상수 감독이야 원래 대중에겐 마이너였고 본인이 감독이니 자기 영화를 계속 만들겠지만, 김민희 배우는 A급 스타에서 갑자기 아무도 불러 주지 않는(홍상수 영화 외에는 출연할 수 없는) 형벌을 받았다. 대체 사람들은 왜 불륜이라는 흉악한 이름을 바람피우는 데 붙였고, 왜 이렇게까지 분노하는 걸까? 왜 남의 집 일에 욕을 못해서 안달일까?

사실 인류사를 보면 불륜만큼 흔한 것도 없다. 2016년 국내에서 20대 이상 기혼 남녀 1080명을 조사한 결과를 보면 기혼 남성의 50퍼센트, 기혼 여성의 10퍼센트가 외도 경험이 있다고 답했다. 50대 이상에게 외도 파트너 수를 묻자 남성은 평균 12.5명, 여성은 4.3명이라 답했다. 그러니까 평범해 보이는 당신의 직장 동료 중 대충 30퍼센트는 외도를 한 경험이 있으며, 그것도 꽤 빈번히 한다.

바람기는 유전적으로 일부 타고난다. 바소프레신 수용체가 많은 남성은 적은 남성에 비해 파트너에 대한 유대감이 깊어 불륜에 대한 욕구가 낮다. 반면 바소프레신 수용체가 적은 남성은 상대적으로 외도할 확률이 높다. 그렇다고 해서 수용체가 많은 것이 꼭 좋다고는 할 수 없는데, 바소프레신 분비가 많으면 파트너에게 지나치게 집착해 타인에게 적대적이고 집단생활 시 잘 어울리지 못해 긴장감을 유발할 가능성도 크기 때문이다.

오해하지는 말자. 바람을 피우는 사람이 많고 원래 그런 사람도 있으니까 불륜이 옳다고 말하는 게 아니다. 다만 어디서든 흔하게 일어나는 일에 '인륜을 어겼다'고 비난하는 것은 과하다는 것이다. 사회는 불륜이 가져올 가족 내 혼란과 사회 혼란을 막기 위해 최대한 비난을 퍼부음으로써 기강을 세우려는 것일지 모른다.

그렇다면 폴리아모리는 외도나 바람과 무엇이 다른가?

폴리아모리스트들은 보통 "바람은 비밀리에 피우지만, 폴리아모리는 상대방에게 해당 사실을 공개한다"고 말한다. 공개, 매우 중요하다. 상대방을 믿지 못하면 폴리아모리 관계는 성립하기 어렵다. 하지만 이렇게만 답변한다면 "단지 공개된 바람 아니냐?"는 비난을 피할 수가 없다.

나는 공개가 폴리아모리의 중요한 요소라고 생각하지만, 필수 요소라 생각하진 않는다. 비판자들의 지적처럼 경우에 따라 폴리아모리임을 공개하는 것은 윤리성을 확보해 비난을 피하려는 행동일 수 있다. 무엇보다 현실에서는 폴리아모리 사실을 파트너에게 숨기는 폴리아모리스트가 꽤 많다. 모노가미를 해도 상대방에게 예의 없이 구는 사람은 얼마든지 있다. 모노가미든 폴리아모리든 상대를 존중하면 좋겠지만, 그렇게 해야만 그 관계가 성립한다고 말하는 건 윤리적으로 옳을지는 몰라도 현실과는 거리가 있다.

나는 폴리아모리의 등장이 연애의 본질이 본질적으로 변했기 때문이라 생각한다. 이에 대해서 폴리아모리의 몇 가지 사례를 살펴본 뒤에 다시 이야기하도록 하자.

보부아르와 사르트르

폴리아모리를 누가 먼저 시작했는지는 알 수 없다. 개념은 최근에 생겨났지만, 이런 방식의 삶은 아주 오래전부터 있었을 것이다. 시초는 아니지만, 폴리아모리 하면 가장 먼저 언급되는 커플이 프랑스의 보부아르(Simone de Beauvoir, 1908~1986)와 사르트르(Jean Paul Sartre, 1905~1980)다. 사르트르는 실존주의를 대표하는 작가이자 철학자이고, 보부아르는 페미니즘의 바이블이라 불리는 《제2의 성》을 쓴 작가다.

아무튼 위대한 석학 보부아르와 사르트르는 폴리아모리 관계를 맺은 커플이었다. 둘은 20대 때 계약 결혼을 했는데, 아래와 같은 내용이 포함되어 있었다.

1. 계약은 2년간 유효하며 이후 갱신한다.

2. 국가에 결혼을 신고하지 않는다.

3. 각자 경제적으로 독립한다.

4. 함께 살지 않는다.

5. 타인과의 관계를 허용한다.

6. 관계나 자신의 감정에 늘 솔직해야 한다.

등

하나씩 따져 보자.

1. 계약은 2년간 유효하며 이후 갱신한다.

이혼은 언제든 할 수 있지만, 2년에 한 번씩 결혼을 갱신하게 만들면 더 적극적으로 관계에 대해 고민하게 된다. 이들은 최초 계약 후 2년마다 계약을 갱신해 50년 가까이 결혼을 유지했다.

2. 국가에 결혼을 신고하지 않는다.

제도에 편입되지 않는 저항 정신을 보여 준다.

3. 각자 경제적으로 독립한다.

각자의 삶을 존중하는 동시에 가부장제에 대한 저항으로 보인다. 가부장제가 유지될 수 있는 건 남성이 경제권을 쥔 경우가 많기 때문이다.

폴리아모리 대표 주자,
사르트르와 보부아르

4. 함께 살지 않는다.

하지만 부부가 각자 경제력을 갖추고 있다 하더라도 함께 살면 사회적 관습으로 인해 여성이 집안일을 더 많이 하게 된다. 그래서 이 두 사람은 애초에 따로 살아서 이 부분을 차단해 버린다. 이들은 가사 분담 문제를 꽤나 심각하게 생각했는데, 심지어 호텔에서 지낼 때도 방을 따로 구해 지낼 정도였다. 누군가 더 많이 노동하는 것을 피하려 한 것이다(물론 호텔 직원이 청소를 했으니 지극히 자본주의적인 해법 같지만…… 넘어가자). 이런 부분을 보면 이들의 계약 결혼은 욕망의 표현이었다기보다 철학의 연장선이었던 것으로 보인다. 이런 의지가 있었기에 두 사람은 숱한 위기 속에서도 평생 결혼 관계를 유지할 수 있었다.

5. 타인과의 관계를 허용한다. 6. 관계나 자신의 감정에 늘 솔직해야 한다.

폴리아모리와 관련된 항목이다. 타인과의 관계를 허용한다는 건 성관계뿐 아니라 본인보다 더 친밀한 관계를 가져도 허용한다는 뜻이고, 솔직할 것을 넣음으로써 불륜과는 다른 새로운 관계를 추구했음을 알 수 있다. 물론 이렇게 약속을 한 거지 실제 두 사람의 삶을 살펴보면 서로에게 완전히 솔직했다고 하긴 어렵다. 물론 일반적인 커플도 모든 일에 솔직하진 않으니까. 특히 성과 관련된 문제라면 더 그럴 것이다.

두 사람은 결혼 생활을 유지하면서 여러 파트너를 만났다. 파트너는 대부분 나이 차가 많이 나는 제자였기 때문에 지금의 관점으로 보면 그루밍이 아닌가 싶기도 하지만, 어쨌든 속이고 만나지는 않았다. 두 사람의 파트너들은 스쳐 지나가는 존재였다. 어찌 보면 둘의 관계는 폴리아모리라기보다 오픈 매리지(open marriage, 결혼 후 부부가 서로 다른 사람과 만남을 가져도 외도로 보지 않는 관계)에 가깝지 않느냐고 반문할 수도 있다. 그렇다고 해서 '그런 관계는 폴리아모리가 아냐'라고 아무도 단정할 수는 없다.

〈원더우먼〉 스토리, 새로운 가족의 실험

1941년 〈원더우먼〉의 첫 번째 편이 나왔다. 20세기 초반 시작된

코믹스 시장은 폭발적으로 성장했지만, 남성 히어로로만 등장하는 폭력적인 작품이 많다는 비난을 받고 있었다. 그래서 여성 주인공이 등장하는 작품들이 40년대부터 나오기 시작했는데, 〈원더우먼〉이 그중 하나다.

〈원더우먼〉의 원작자인 윌리엄 몰턴 마스턴(William Moulton Marston)은 독특한 이력의 소유자다. 하버드 대학교에서 심리학을 전공했고, 시간강사로 일하면서 세계 최초의 거짓말 탐지기를 만들었다. 하지만 그가 제안한 방식은 실용성이 떨어져 이후 다른 방식의 거짓말 탐지기가 사용된다. 거짓말 탐지기 상용화 실패로 그는 백수로 나앉게 되는데, 이때 돈을 벌기 위해 쓴 작품이 〈원더우먼〉이다. 물론 이런 스토리는 그의 가족에 비하면 평범한 축이다.

그는 어린 시절부터 친하게 지냈던 엘리자베스 할러웨이와 20대 초반에 결혼해 하버드에서 함께 연구를 진행했다. 연구 과정에서 올리브 번이라는 학생을 알게 되고 이 사람이 둘의 관계에 끼어들면서 삼각관계를 이룬다. 윌리엄이 양다리를 걸쳤다는 게 아니라, 세 사람이 모두 양다리를 걸친 삼각형 구도였다. 폴리아모리 용어로 트라이어드(triad)라고 한다.

원더우먼은 상당히 묘한 캐릭터다. 페미니스트 여성 히어로로 보이는데, 이상하게 유독 남성에게 결박당하면 힘을 쓰지 못한다. 그냥 단순히 생각하면 현실의 유리천장을 빗댄 것인가 싶기도 하지만, 윌리엄의 가정사를 알고 나면 그 의미는 훨씬 복잡

새로운 가족 형태 때문에 우연히
탄생한 캐릭터 원더우먼

해진다.

윌리엄은 페미니즘에 심취해 있었고, 새 시대에 맞는 강인한
여성상을 원했다. 그의 첫 번째 부인 엘리자베스가 여기에 들어
맞는 인물이었다. 자기주장이 강하고 생활력도 강했다(페미니스트
가 그렇다는 얘기는 아니다). 거짓말 탐지기 상용화 실패 후 사실상 알
거지가 된 윌리엄과 올리브 번 그리고 자녀들이 먹고살 수 있었
던 건 엘리자베스의 생활력 덕분이었다. 원더우먼의 강인함은 이
런 엘리자베스에게서 따온 것이다.

그런데 윌리엄은 다른 성적 취향도 갖고 있었다. 여성을 제압
하고 속박하는 본디지 플레이에 관심이 많은 마스터였다. 이런
욕망을 받아 준 것이 올리브다. 올리브의 상대의 명령에 지배당

하고 복종하는 서브미시브 성향이 윌리엄의 욕망과 궁합이 맞은 것이다. 그렇다고 해서 윌리엄이 단순하게 압도적인 여성과 자신이 제압한 여성 사이의 이중 감정을 다른 여성과 각각 해결했다고 보긴 어렵다. 왜냐면 보통 관계의 주도권은 마스터가 아니라 오히려 당하는 쪽이 가지기 때문이다. 아무튼 윌리엄은 두 연인에게서 각각 다른 만족을 얻었다. 이런 욕망은 원더우먼에도 그대로 드러난다. 그래서 강력하지만 남성에게 속박되는, 얼핏 보면 정반대의 모습이 한 캐릭터 안에 그대로 담긴 것이다. 물론 앞에서 말했듯이 속박당하는 것은 약한 것이 아니라 오히려 지배하는 것이지만.

올리브와 엘리자베스 역시 마찬가지다. 올리브는 윌리엄과의 관계에서는 명령을 따르는 역할을 했지만, 엘리자베스와는 동등한 애정 관계를 구축했다. 엘리자베스가 두 사람에게서 각각 어떤 다른 즐거움을 누렸는지는 모르겠지만(윌리엄이든 올리브든 엘리자베스 입장에서는 짐 덩어리?), 적어도 남자 애인과 여자 애인이라는 성적 만족은 얻지 않았겠는가.

윌리엄은 엘리자베스와의 사이에서 두 명의 자녀를 두었고, 올리브와도 두 명의 자녀를 두었다. 이들은 다퉈 잠시 떨어져 지낼 때를 제외하고는 평생을 함께 살았다. 새로운 형태의 가족을 만든 것이다. 윌리엄이 유명인인 데다 우리가 이성애 중심으로 관계를 바라보다 보니 윌리엄을 세 사람의 중심으로 생각하는 경향이 있는데, 책에서 묘사되는 관계 등을 보면 오히려 엘리자베스가 꼭짓점 역할을 수행한 것으로 보인다. 윌리엄이 50대에 지병으로 사망한 뒤에도 엘리자베스와 올리브는 함께 살았고, 네 명의 자녀는 어머니를 구분하지 않았다고 한다. 종종 살아내는 것만으로도 위대한 삶이 있는데, 내 생각에 이들의 삶이 그렇다.

폴리아모리 공동체

프랑스의 초기 공산주의자 샤를 푸리에(Charles Fourier, 1772~1837) 는 1829년에 쓴 《새로운 연애 세상에서》에서 이렇게 선언한다.

> 문명 이래로 철학자들은 한 가지 사안에 대해서만 명확한 정의를 내리 려고 우왕좌왕하고 있다. 그들은 언제나 한 쌍의 커플에 국한한 사랑 에 대해서만 고찰한다.

푸리에는 남녀 각각 810명, 총 1620명이 모여 사는 공동체를 구상했다(이유는 모르겠지만, 그는 세상에 810가지 종류의 인간형이 있다고 생각 했다). 1620명이 한 성에 모여 살면서 함께 노동하고 재화는 필요 한 만큼 나누며 자유롭게 사랑하는 공동체를 꿈꿨다. 이곳에선 남녀의 권리도 동등했다. 페미니즘이라는 말을 여성인권운동과 엮어서 사용한 것도 그가 최초였다. 그는 기존 사회가 여성의 욕 구를 억압하고 있다고 생각했다. 그는 여성도 남성과 동등한 재 산권과 교육권을 획득해야 하며, 얼마든지 욕망을 표출할 수 있는 사회를 꿈꿨다. 또한 당시 사회가 비정상이라고 여긴 동성애나 사도마조히즘, 성도착증 역시 정상적인 인간의 욕망이라고 생각했고, 누구나 여러 명의 애인을 가질 수 있다고도 했다. 그는 자신의 공동체를 팔랑스테르(Phalanstère)라고 불렀다.

하지만 그의 실험에 응해 줄 정신 나간 도시 국가는 없었다. 1832년, 그는 파리 근교에서 계획보다 한참 적은 60여 명을 모아 3층짜리 건물에서 함께 살기 시작했다. 최초의 폴리아모리 공동체다. 하지만 아쉽게도 이 공동체는 푸리에의 생각처럼 운영되진 않았던 것 같다. 푸리에는 1년도 되지 않아서 공동체를 떠났고, 결국 공동체는 5년이 채 안 돼 해체됐다.

푸리에 이후에도 많은 이가 폴리아모리 공동체를 꾸렸다. 사실 이건 생존이 걸린 문제이기도 했다. 20세기 후반이 되기 전까지 폴리아모리는 시도하는 것만으로도 차별에 시달렸기 때문에 폴리아모리스트들은 서로를 보호해 줄 수 있는 공동체가 필요했다. 폴리아모리 공동체를 통틀어 폴리피델리티(Polyfidelity)라 한다. 폴리피델리티는 크게 두 부류인데, 하나는 푸리에의 팔랑스테르처럼 공산주의 성향의 공동체고, 또 다른 하나는 종교 공동체다. 물론 이 종교는 대부분 사이비 취급을 받았다.

폴리아모리와 종교가 연결되는 것은 이해가 쉬울 것 같다. 종교마다 교리는 다르지만 대충 공통점을 하나 꼽으라면 모두 '홍익인간'을 지향한다는 것이다. 널리 사람을 이롭게 하고 서로 돕고 사랑하는 것. 그러니 당연히 연인 간의 사랑을 독점하지 않고 자유롭게 널리 퍼트리려는 종교 단체도 생기지 않겠는가.

폴리아모리 개념 중에는 컴퍼젼(Compersion)이라는 것이 있다. 내가 사랑하는 사람이 행복해하는 모습을 보면 나도 행복하다는 것이다. 당연한 말 같지만 조금 더 풀어 쓰면 이런 것이다. 내가 사랑하는 사람이 나 말고 다른 사람과 (성관계를 포함해서) 연애하는 것에 행복해한다면 나 역시 그 모습을 보며 행복해한다는 것이다. 이런 감정을 느낀다면 참 이상적이고 훌륭하긴 한데, 상당히 종교적이라는 느낌이 들지 않는가? 마치 고행을 하며 쾌감을 느끼는 종교적 즐거움, 수행하면서 얻는 정신승리 혹은 어려움을 극복하면서 오는 행복감 비슷한 것이 느껴진다.

종교 폴리피델리티 중 역사적으로 가장 유명한 곳이 오나이다 커뮤니티(Oneida Community)다. 이들은 마을을 만들어 함께 생활했는데, 은으로 된 나이프, 포크 같은 고급 식기를 제작해 외부에 파는 것으로 생활을 영위했다. 1848년, 87명으로 시작한 공동체는 30년 뒤 300명으로 불어난다. 이들은 공동체 내에서 자유롭게 사람을 만났고 아이가 생기면 함께 키웠다.

하지만 1880년 이후, 1세대가 물러나고 2세대가 주축이 되면서 공동체가 흔들리기 시작한다. 2세대들은 당시 동거인을 배타적인 짝, 배우자로 선언하면서 보통의 일부일처 생활로 돌아간다. 오나이다 커뮤니티 자체는 아직까지 남아 있고 그들의 식기 또한 나름의 명성을 이어 가고 있지만, 이제 폴리아모리와는 아

가장 공적인 연애사

Oneida Community, Home Building, Kenwood, N. Y.

종교 폴리아모리 공동체 중 가장 유명했던 오나이다 커뮤니티

무런 관련이 없다.

또 하나는 공산주의 성향의 폴리피델리티다.

대체 공산주의랑 폴리아모리가 무슨 상관이냐 싶겠지만 생각보다 상관이 있다. 성인 인구의 15퍼센트가 전체 성관계의 절반을 한다. 성관계가 연애의 전부는 아니지만, 비율 자체는 비슷할 것이다. 가만 보면 연애만큼 신자유주의적인 것이 없다. 지극히 개인차가 크다. 짚신도 제짝이 있다지만, 외적 능력이 탁월하고 능력이 좋으면 제짝이 굉장히 많으며 제짝이 아닌 사람도 제짝인 줄 알고 달려든다. 반면 능력이 없거나 외적 조건이 부족하면 절대적으로 기회가 적다. 그러니 공산주의에 심취한 이들이 성에 대해서도 평등을 도입하고, 독점을 없애고, 공동 소유를 주장하

는 것이 그렇게 이상하진 않다. 한마디로 폴리아모리 하자는 것이다.

1956년 뉴욕에서 만들어진 폴리피델리티 뉴 트라이브(New Tribe)는 철저한 공산주의를 도입했다. 그들은 섹스 스케줄을 짜서 특정한 사람이 더 많이 관계 가지는 걸 금지하고 모든 이가 동등한 성관계를 가졌다. 과연 이런 방식이 얼마나 유효할까 의문스럽지만, 이 단체는 30년 넘게 유지되다가 1991년 해체됐다.

이후에는 성에 대한 자유로운 분위기가 확산되면서 폐쇄적인 폴리피델리티는 많이 사라진다. 폴리아모리스트는 여전히 사회의 눈총을 받지만, 굳이 공동체를 꾸릴 정도로 차별받진 않는다. 현재는 공동체를 이루더라도 대부분 오픈되어 있으며, 온라인을 통해 적극적으로 활동한다. 러빙 모어(Loving More)는 4만여 명의 회원이 가입한 세계 최대의 폴리아모리 커뮤니티로 자신들의 삶을 알리고 권리를 찾기 위해 잡지도 정기적으로 발행한다. 국내에도 폴리아모리 온라인 커뮤니티가 다수 존재하고 오프라인 모임도 활발하게 진행한다. 폴리아모리 자체의 성격도 변했다. 과거에는 정치나 종교적 이유의 폴리아모리스트가 많았지만, 지금은 기존 가족 제도에 대한 반발 때문에, 페미니즘의 영향으로, 혹은 그냥 그렇게 살고 싶어서 폴리아모리스트가 된다.

두 명의 애인, 그리고 강아지 네 마리와 함께 삽니다

승은, 지민, 우주는 국내에 폴리아모리를 알리는 데 큰 역할을 한 커플이다(사실 다른 사람은 잘 모른다). 이들은 폴리아모리에 관한 강연이나 상담 등을 해 왔고 방송에도 출연했으며, 《두 명의 애인과 삽니다》라는 어그로 끄는 제목의 책을 내기도 했다. 제목 그대로 이 세 사람은 V 관계다. 승은은 두 명의 애인(지민, 우주)과 함께 산다. 물론 더 정확한 제목은 '두 명의 애인, 그리고 강아지 네 마리와 함께 삽니다'가 되어야 했지만, 제목이 너무 길어지면 판매에 도움이 안 되므로 애인만 언급한 것 같다. 아무튼 여자 한 명이 애인 둘과 산다는 상황이 자극적으로 보이다 보니 관련 기사도 많이 나왔다.

이 책에는 세 사람이 자신들의 기사에 달린 악플 읽기 놀이를 하는 챕터가 있다. 한 기사에 천 개가 넘는 댓글이 달렸는데, 짐작할 수 있듯이 대부분 악플이었다. 하긴 BTS와 손흥민 선수가 아닌 다음에야 원래 인터넷 댓글이란 악플만 달리니 특별한 건 아닐지도 모르겠다. 그 수많은 악플 중에 최다 공감을 받은 댓글은 '뭔 개소리야. 걍 소라넷이잖아'였다.

진지하게 받자면, '개'에 비유를 했다는 건 폴리아모리가 동물이나 할 법한 행동이라는 의미인데 사실 동물은 폴리아모리 관계를 맺기 어렵다. 보노보가 그나마 폴리아모리라고 할 수 있지만, 동물 세계에서는 매우 특별한 경우다. 대부분 동물은 독점적 관계를 선호한다. 경쟁자를 제압하고 원하는 대상을 독점한다.

자신은 다양한 상대와 짝짓기하는 걸 좋아해도 파트너가 다른 상대와 관계 맺는 건 좋아하지 않는다. 대부분은 경쟁자를 제압하고 원하는 대상을 독점한다. 그런 면에서 폴리아모리스트가 파트너를 독점하지 않고 더 나아가 컴퍼전을 느끼는 것은 오히려 인간이기 때문에 가능하다.

나는 이 세 사람과 약간의 인연이 있다. 몇 번 대화를 나눴고, 함께 사는 집에 초대받은 적도 있다. 복층 집에는 각자의 방과 공용 공간이 존재했으며, 개들은 마음껏 뛰어다녔다. 세 사람의 성격 탓도 있겠지만, 특별한 것이 하나도 없다고 할 정도로 평범한 집이었다(이 커플이 내가 쓴 마약 책을 좋아한다고 밝혔기 때문에 대마초라도 대접받을 줄 알았는데 직접 요리한 음식 맛만 보고 왔다). 당시 이들은 폴리아모리 관계 4년 차였는데, 셋의 관계는 매우 안정적으로 보였다. 아마 오랜 투쟁 끝에 얻은 결과물이리라. 물론 몇 번 대화를 나눈 것뿐 이들의 삶을 자세히 알진 못한다. 하지만 그들의 관계가 너무 이상적으로 보여 그곳에 끼여 같이 살고 싶을 정도였다. 혹시 오해할까 봐 덧붙이면 여기에는 어떤 섹슈얼한 의미도 없다. 이 말을 하는 바람에 더 이상해졌지만 진심이다.

평범한(?) 이성애 독점 연애를 하는 나의 삶을 돌이켜 보면, 연애를 할 때는 과도하게 불타올라 실수를 연발하고, 헤어지고 나면 한없이 우울해져서 죽고 싶다며 바보짓을 일삼다가, 잠깐의 현자 타임이 와서 스님 같은 말을 해 대며 책을 쓰고, 그러다 다시 사랑에 빠지는, 사실상 일생 내내 이불 킥 할 일만 쌓는 불안정한 상태를 반복한다. 반면 승은, 지민, 우주 커플이 말하는 '우리도 예전에 힘들었어'는 나에 비하면 배추도사, 무도사가 하는 이야기처럼 들렸다. 그러니 어찌 그곳에서 평안을 얻고 싶지 않겠는가.

일대일 관계에서는 상대방을 순전히 나 혼자 대해야 하니 늘 상황에 휩쓸려 감정적으로 반응하게 된다. 반면 이 세 사람은 두 사람 사이에 문제가 생기면 나머지 한 사람이 중재자 역할을 하며 무게를 잡아 준다. V의 사이드에 해당하는 지민과 우주는 경쟁자라기보다 손님이 찾는 물건이 없으면 옆 가게를 소개해 주고, 옆집이 가게를 비우면 봐주기도 하는 사이좋은 옆집 사장님들 같았다.

이런저런 폴리아모리

자유롭게 살겠다는 사람들을 군이 나누고 분류하는 건 이상한 일이다. 사실 폴리아모리는 정의하기 어렵다. 폴리아모리 모임에 한 번 나가 본 적이 있는데, 사람들은 자신이 생각하는 폴리아모리에 대해 떠들며 시간을 보냈다. 매달 진행되던 모임이었으니 그날만 그랬을 리가 없다. 지금도 치열하게 토론 중일 것이고 답을 내리지 못했을 것이다. 하지만 이해를 돕기 위해 분류를 해 보자면 아래와 같다.

개방연애, 오픈 매리지: 사르트르와 보부아르처럼 메인 파트너를 두고, 서로가 다른 사람을 만나는 것을 허용한 관계. 결혼을 안 했으면 개방연애, 했으면 오픈 매리지라 한다. 사르트르와 보부아르처럼 새로운 사람을 만날 때마다 말하는 커플도 있고, 처음에 합의한 후에는 이후 누구를 만나는지에 대해서는 굳이 이야기하지 않는 커플도 있다. 보통 메인 파트너와는 깊은 연대감에 기반한 동지애를 느끼고, 다른 파트너와는 캐주얼한 섹스를 즐긴다.

자유연애: 어떤 관계도 우선시하지 않으며 그야말로 자유롭게 그때의 감정에 따라 행동하는 폴리아모리 관계. 어찌 보면 폴리아모리라는 말에 가장 부합하는 형태가 아닐까 싶다. 다만 깊은 관계를 만들기 어려운 측면이 있다.

V: 흔히 생각하는 삼각관계다. 꼭짓점이 되는 사람이 존재하고 그 사람이 두 사람과 관계를 맺는다. 지민, 승은, 우주 커플이 여기에 해당된다. V에서 양쪽에 해당하는 두 사람은 자신 역시 다른 사람을 만나 V의 또 다른 꼭짓점이 되는 경우도 있다. 오픈 매리지처럼 주된 관계가 있는 상태에서 한 명이 추가된 경우도 있고, 자유연애처럼 평등한 관계도 있다.

트라이어드: 앞서 말한 〈원더우먼〉 스토리 커플처럼 셋 모두

가 연애를 하는 관계다. 모두 동등한 관계일 수도 있고, 메인 커플이 있는 상태에서 한 사람이 끼어드는 경우도 있다. 많은 폴리아모리스트가 이상적으로 생각하는 형태지만, 성적 취향 등 다양한 부분이 맞아야 해 성립되기 어렵다.

폴리피델리티: 다수의 사람이 공동체를 이루고 그 공동체 내에서 자유롭게 관계를 맺는다. 공동체 외의 사람과 관계를 맺을 때 구성원과 합의 과정을 거쳐야 하는 폐쇄적인 공동체도 있고, 크게 관여하지 않는 열린 공동체도 있다.

인간이어서 가능한 삶의 형태

폴리아모리스트들은 일부일처제가 인간의 본성과는 무관하며 가부장적 문화가 만들어 낸 인위적 형태라고 주장한다. 그런 측면이 분명히 있다. 하지만 일부일처제가 인간에게 잘 맞는 부분도 많다(삭제된 부분에 이에 대한 자세한 내용이 포함되어 있다).

나는 폴리아모리라는 개념을 알게 된 이후 지인들과 이 주제로 이야기를 많이 나누었다. "왜 폴리아모리를 하지 않느냐?"는 내 질문에 "그것이 윤리적으로 옳지 않기 때문"이라든지 "상대방에 대한 배신이기 때문"이라고 답한 비율은 의외로 높지 않다. 대부분은 "그럴 필요를 크게 느끼지 못해서"라고 답했다. 사람들이 자신의 파트너에게 100퍼센트 만족한다는 뜻은 아니다. 만

폴리아모리를 비롯해서 새로운 연애 방식이 속속 출현하고 있다. 왜일까?

족스럽든 아니든 간에 한 사람과 연애하는 데 쏟아붓는 에너지만 해도 만만치 않다는 뜻이다. 누구나 입으로야 여러 사람을 만나고 싶다고 하겠지만, 추가로 들어가는 에너지를 감당하지 못할 것 같고, 다른 사람을 찾아야 할 정도로 불만족스러운 것도 아녀서 행동으로 옮기지 않는다. 연인이 있는 사람은 설혹 바람둥이더라도 솔로에 비해서 새 파트너를 찾는 데 소홀한 경향을 보인다.

인간을 비롯한 대부분 생명체는 생물학적 부모가 최대 두 명이다. 자신을 복제하는 경우는 있어도 셋 이상의 유전자를 섞는 경우는 없다. 생물학적 부모가 늘어나면 유전적으로는 훨씬 유리하다. 우성 유전자가 열성을 덮어 버려 유전병에 걸릴 확률이 떨어지고 문제 유전자가 보완될 확률도 높기 때문이다. 그런데도

가장 공적인 연애사

지구상의 거의 모든 생명체는 셋 이상의 유전자를 선택하는 방향으로 진화하지 않았다(2016년 과학 기술로 세 사람의 유전자를 결합한 아이가 태어난 적이 있긴 하지만). 왜 그럴까? 왜 그러긴 왜 그래. 둘이 만나기도 얼마나 힘든데 그 이상 만나려면 더 힘들겠지.

내가 앞에서 폴리아모리가 인간만이 할 수 있는 행동이라 한 이유가 이 때문이다. 사실 동물은 불필요한 행동을 별로 하지 않는다. 동물이야말로 삶에 필요한, 그리고 교미에 필요한 행동만을 한다. 하지만 우리가 추구하는 가치는 유전자를 전파하는 데 그다지 도움이 되지 않는 행동도 기꺼이 하게 만든다. 폴리아모리 역시 마찬가지다. 그래서 폴리아모리가 어떤 관계를 맺게 될지는 순수하게 구성원의 노력으로 이루어진다.

폴리아모리스트의 주장대로 폴리아모리가 자연스러운 것인지 혹은 반대하는 사람들 말대로 짐승 같은 짓인지는 전혀 중요하지 않다. 중요한 것은 왜 하필 현대에 와서 많은 사람이 폴리아모리에 관심을 가지고 그 수가 늘어나느냐 하는 것이다.

여기서 폴리아모리스트의 두 가지 유형을 생각해 볼 수 있다. 하나는 유전적으로 특별한 일종의 돌연변이다. 이들은 보통의 사람들보다 에너지와 욕망이 넘친다. 한마디로 사랑이 넘치는 사람인 거다. 하지만 돌연변이 수가 얼마나 되겠는가.

또 하나는 연애, 결혼, 출산으로 이어지는 생의 주기가 깨져 생긴 폴리아모리스트다. 그러니 당연히 의무에서 벗어난 가벼운 연애가 이어진다. 담론으로서의 폴리아모리가 가부장제와 기존 사회 질서에 저항하는 묵직한 것이라면, 현실에서 폴리아모리는 가벼운 연애를 병렬식으로 진행한다. 이런 폴리아모리스트들은 연애를 전혀 하지 않는 4B와 오히려 사고방식이 비슷하다.

조금 더 삶에 참여하는 묵직한 폴리아모리를 실현하는 이도 많다. 연애, 결혼, 출산으로 이어지는 삶의 주기가 깨졌어도 출산의 욕구, 사랑의 욕구, 안정의 욕구 등은 여전히 남아 있다. 생의 주기는 의무이기도 했지만 욕구의 실현이기도 했다. 그렇다 보니 사람들은 일반적인 형태가 아니더라도 각 욕구를 충족시켜 줄 대상을 찾게 된다. 가족은 해체됐지만 가족은 여전히 필요하다. 그리고 개인이 가족이 되는 가장 쉬운 방법이 연애다.

사회가 복잡해진 만큼 개인의 역할 역시 늘어났다. 각 역할에 맞는 모습이 존재하며, 이는 인간을 욕구 불만 상태로 짓누른다. 각 역할에 맞는 각자 다른 해소점이 필요한데, 많은 이들이 이를 연애로 해결한다. 그래서 과거에 하나의 형태로 머물러 있던 연애가 다양한 형태로 진화한다. 사르트르와 보부아르처럼 상대방이 갖지 못한 매력을 다른 상대에서 찾기도 하고, 〈원더우먼〉 스토리의 주인공들처럼 아예 역할을 나눠 삶을 살기도 한다. 물론 과거에도 인간에게는 다양한 욕망이 있었겠지만, 가부장 가족이라는 완성된 모습을 위해 욕망을 포기한지도 모른 채 포기하고 살았다. 하지만 이제는 욕망 실현이 가능하며, 그렇기에 새로운 욕망도 생겨난다.

내 소박한 꿈을 말하자면, 언젠가 다양한 성정체성을 가진 예닐곱 정도 되는 사람들과 공동체를 만들어서 함께 살아가고 싶다. 여기서 관계는 섹슈얼한 관계를 포함할 수도 있고 아닐 수도 있다. 그냥 그 정도의 동료들이 있다면 세상 무서울 게 없지 않을까 하는 생각을 해 본다. 동거인이 늘어난 만큼 관계에서 오는 스트레스가 더 많을지, 혹은 서로가 완충제 역할을 해 스트레스를 줄여 줄지는 실행해 보기 전에는 알 수 없겠지. 하긴 한 명과도 관계를 잘 못 맺는데 무슨 공동체냐만은.

포르노의
사회학

엄마: 콜록콜록. 히로야, 너 뭘 태우고 있는 거니!?

히로: 내 청춘.

엄마: 그런 것보다 네 침대 밑에 있는 야한 책이나 태우면 어떻겠니?

히로: 그건…… 내 목숨이야.

－아다치 미치루 만화 《H2》에서

세계 최대 포르노 사이트 폰허브(Pornhub)가 발표한 통계에 따르면 2019년 해당 사이트에 접속한 이는 약 420억 명이다. 전 세계 인구는 80억 명이고, 인터넷에 접속 가능한 인구는 그 반절이니, 외계인이 인간의 생식을 연구하기 위해 접속한 것이 아니라면 인터넷을 하는 사람은 평균 열 번 이상 폰허브에 접속한 것이다. 한국이나 중국처럼 폰허브 접속이 금지된 나라도 있고, 폰허브 외에 다른 포르노 사이트도 수백만 개 있으니, 포르노 사이트 전체 접속량은 훨씬 많겠지. 2019년 한 해 동안 폰허브에는 683만 개의 새로운 영상이 업로드됐는데, 이를 다 보려면 하루 24시간씩 169년이 필요하다.

분리된 성욕을 원나잇이나 섹스 파트너와 같은 캐주얼 섹스로 해결하는 것이 요즘 젊은이들의 방식이라 생각할지 모르겠지만, 사실 그건 극히 일부의 이야기고, 대부분은 포르노와 성매매(성노동)로 해결한다.

어떤 사람들은 성욕이 본능이니, 포르노를 보는 것도 본능이라고 말한다. 물론 그럴 수도 있다. 하지만 과연 우리가 이렇게도 많은 포르노를 보는 것이 당연한 걸까? 혹시 포르노가 우리의 성에 대한 본능을 변화시킨 것은 아닐까?

여기서는 20세기 들어 새롭게 등장한 영상 포르노에 대해 이야기하려고 한다. 왜 수많은 현상 중에 포르노만 특별히 한 챕터를 할애하느냐고 묻는다면, 일단은 취향이라고 해 두자.

남성의 전유물?

2020년을 기준으로 폰허브 이용자의 남녀 성비는 약 7 대 3이다. 우리의 편견보다는 상당히 많은 여성이 포르노를 즐기고 있으며, 꾸준히 증가 추세에 있다. 하지만 아직까지는 남성 이용자가 다수이며, 특히 중독적으로 포르노를 즐기는 이는 남성이 압도적으로 많다. 여성 포르노 이용자들 중에는 호기심으로 살펴보는

뜨내기들이 많다(혹은 개인정보를 아들이 도용한 경우도 많다). 한 조사에 따르면 돈을 주고 포르노를 구매하는 적극 소비자의 98퍼센트가 남성이라고 한다. 물론《그레이의 50가지 그림자》,《노르웨이의 숲》등의 19금 로맨스 소설이나 남성 동성애를 다룬 BL(Boy's Love), 팬픽(Fan fiction), 슬래시(Slash), 야오이(やおい), 알페스(Real Person Slash) 등을 포르노에 포함한다면 여성의 구매 비중도 상당히 높지만, 여기서는 포르노를 스토리가 거세된 'Only SEX'를 외치는 콘텐츠로만 한정하기로 하자. 그리고 앞서 언급한 콘텐츠를 모두 포함하더라도 남성이 포르노를 즐기는 것에 비하면 여성이 즐기는 비중이 적다.

왜 그럴까? 왜 남성들이 포르노를 더 많이 즐길까? 혹자는 포르노 자체가 남성의 욕구를 토대로 제작되었기 때문이라 한다. 실제로 대부분 포르노는 페니스 중심적이다. 포르노에 등장하는 여성의 목적은 페니스를 발기시키고, 유지시키고, 사정시키는 것뿐이다. 여성에게 포르노는 혐오스럽고 더러운 것이지만, 무엇보다 지루한 것이다.

하지만 여성이 포르노를 즐기지 않는 이유가 단순히 즐길 콘텐츠가 없기 때문은 아니다. 페미니즘의 가치가 보편화되면서 1970년대 여성 포르노 열풍이 분 적이 있다. 여성을 위한 포르노를 기치로 내건 잡지《플레이걸(playgirl)》이 1973년 발간(2016년 폐간)됐으며, 동명의 포르노 사이트가 운영 중이다. 해당 사이트에 들어가 보면 미소년부터 터프가이까지 다양한 타입의 멋진 남성들을 만날 수 있다. 하지만 현재 이 사이트의 주 소비층은 여성이 아니라 게이들이다. 남성을 좋아하는 남성들이 없었다면 진즉에 망했을 것이다.

여성을 위한 포르노를 표방한 《플레이걸》 창간호

《플레이걸》 외에도 여성을 위해 만들어진 성인 콘텐츠 대부분을 남성들이 소비한다. 심지어 원숭이마저 수컷은 포르노를 소비한다. 듀크 대학교 마이클 플랫(Michael Platt) 박사팀의 실험에서 수컷 원숭이들은 암컷 원숭이의 회음부(엉덩이) 사진을 보는 대가로 주스를 포기했다(동물들은 단것을 매우 사랑한다). 엄마나 부인이 옆에 있었다면 등짝 스매싱이 날아왔을 것이 분명하다.

진화심리학자 도널드 시먼스(Donald Symons)는 남녀 대학생 307명에게 '지금까지 얼마나 많은 이성과 성적 접촉을 상상해 봤는가?'란 질문을 던졌다. 남학생의 32퍼센트는 '천 명 이상'이라고 답했고, 여학생 중에서 '천 명 이상'이라고 응답한 비율은 8퍼센트에 그쳤다. 이처럼 남성들은 여성에 비해 포르노적 상상을 훨씬 많이 하고, 즉석 만남에도 개방적인 태도를 보였다. 반면 여성은 친밀도가 높은 대상과 접촉하는 것을 선호했고, 포르노보다 로맨스 소설을 더 선호했다. 왜 이렇게 다를까? 당연히 사회가 각 성에 요구하는 사회적 역할의 차이가 영향을 끼쳤을 것이다. 하지만 문화적 차이 이전에 혹시 남녀가 본능적으로 포르노에 대해 다르게 반응하는 건 아닐까?

포르노는 보는 것이 아니라 하는 것이다

그런데 포르노를 보고 성적으로 흥분하는 것은 자연스러운가?

먼저 이 질문부터 해야 한다. 사람들이 섹스를 좋아하는 생물학적 이유는 그래야 유전자가 살아남을 확률이 높기 때문이다. 그런데 포르노는 허구다. 남성이 포르노를 보고 자위를 한다고 해서 포르노에 나온 여성을 임신시킬 수는 없다. 포르노를 소비하는 사람들도 당연히 포르노가 가짜임을 안다. 그렇다면 일말의 가능성도 없는데, 포르노를 보고 성욕을 느끼는 건 이상하지 않은가?

많은 이가 포르노가 성욕을 돋우는 일종의 장작 역할을 한다고 생각한다. 그래서 일부 국가에서는 출산율을 높이기 위해 심야 시간대에 정상적인(?) 포르노를 방송하기도 한다. 하지만 거울신경세포에 대한 연구는 우리의 이런 통념을 뒤집는다. 뇌 속의 거울신경세포는 우리가 타인의 행동을 유심히 관찰하는 것만으로도 스스로 그 행동을 하는 것처럼 느끼게 만든다. 즉, 우리 뇌는 포르노를 보는지 진짜 섹스를 하는지 구분하지 못한다. 그러니 남성들이 포르노를 많이 보는 것은 최대한 많은 씨를 퍼트리려는 욕망에 충실한 것이다. 이성은 당연히 포르노가 허구란 걸

가장 공적인 연애사

알고 있지만, 본능으로는 그것이 여성에게 자신의 정액을 뿌리는 것이라고 느끼는 것이다.

여성이 포르노를 덜 좋아하는 이유도 비슷하게 이해할 수 있다. 여성에게는 다수의 섹스보다 원하는 대상과의 섹스가 중요하다. 단순히 신체적 능력을 뜻하는 게 아니다. 아이를 책임질 아버지가 중요한 것이다. 포르노를 보고 자위를 한다고 해서 임신이 되지 않는다는 것을 모르는 사람은 없다. 하지만 몸은 본능적으로 거부 반응을 보이고, 충분히 자극적임에도 쉽게 빠져들지 못한다.

섹스에 대한 태도 역시 마찬가지다. 이미 피임법이 나와 있고, 섹스를 가볍게 즐긴다 해도 임신의 위협은 얼마든지 막을 수 있다. 하지만 여전히 평균적으로 여성이 섹스에 더 소극적이다. 마찬가지로 남성은 섹스를 한다고 해서 더는 상대방을 임신시킬 수 없다. 남자들은 이 사실을 잘 알고 있지만, 마치 파블로프의 개처럼 섹스를(그것이 보는 것이든 하는 것이든 간에) 갈망한다.

모든 것에는 포르노가 있다

그렇다면 포르노의 등장은 우리의 연애에 어떤 영향을 미쳤을까?

근대 이전의 세계를 상상해 보자. 대부분의 사람은 한 마을에서 죽을 때까지 산다. 결혼은 부모가 정해 준 대상과 한다. 물론 이 시대 사람들도 연애를 하고, 첫눈에 반해 사랑에 빠지기도 했을 것이다. 하지만 그 대상은 제한적이었다. 동네나 옆 동네 사람 정도. 신분이 달라서 대시를 못할 수도 있고 아니면 대시했다가 경을 칠 수도 있지만, 어쨌든 과거 사람들은 실체가 있는 대상을 사랑했다. 한 사람이 일평생 성적으로 소비할 수 있는 대상은 정해져 있었다.

하지만 지금은 다르다. 한계가 없다. 대중매체에서 보는 수많은 스타, 배우들부터 SNS의 인플루언서들, 그것도 아니면 어쩌다 링크를 타고 들어가 알게 된 사람들까지, 우리는 삶에서 전혀 엮일 일 없는 이들의 성을 소비하고 욕망한다.

도시라는 공간은 이런 현상을 더욱 부채질한다. 하루에도 수없이 많은 사람이 우리를 스쳐 가고, 우리는 그들을 스캔한다. 깊은 고민에 빠져 있다가도 매력적인 상대가 있으면 뇌는 우리가 의식도 하기 전에 이미 그 상대방을 쳐다보고 있다. '저 사람 참 섹시하네', '멋있네', '저 사람은 어떤 삶을 살까?' 그러다 '한번 자 보고 싶다' 이런 생각으로 이어지기도 한다. 단순히 매력적인 사람에게만 그런 것도 아니다. 평소의 이상형과 전혀 다른 스타일의 사람을 만나도, 우리는 평가하고 상상한다. 하지만 그 사람들 대부분이 스쳐 지나가는 대상일 뿐 다시는 볼 수 없다. 스타들은 사진으로 다시 찾아볼 수라도 있지, 도시의 사람들은 그냥 지나가면 끝이다.

현대인은 성적인 욕망만 보자면 거의 정신착란증을 겪고 있다고 볼 수 있다. 너무 많은 정보가 한번에 들어온다. 대부분 욕망만 남겨 주고 이를 해소해 주지 않는다. 현대인들은 역사상 가장 많은 성을 소비하지만, 대부분의 욕구는 해소되지 않고, 그렇기에 욕망은 더 강해지고 성은 더욱더 소비된다. 포르노든 SNS든 영화든 광고든 사진집이든 뮤직비디오든 아니면 통신사 광고 입간판이든, 욕망을 해소하기 위해 소비되지만, 이는 더 큰 욕망을 불러일으키고, 이 쳇바퀴는 끝나지 않고 더 빨라진다.

누구에게나 고유한 성적 취향이 있다. 그리고 파트너와 합의한 것이기만 하다면 나는 그 어떤 취향도 존중한다. 하지만 동시에 이런 의문도 든다. 우리가 고유하다고 믿는 그 취향은 과연 얼마나 고유한 것일까?

본래 욕망이란 나의 것인지, 타인의 것인지 구분하기 어렵다. 나는 오럴섹스를 좋아하고, 종종 스팽킹(spanking, 엉덩이를 때리거나 맞는 것을 즐기는 성적 취향)을 하며, 스리섬을 해 보고 싶고, 애널 섹스(anal sex, 항문 성교)의 느낌이 궁금하다. 그런데 이런 취향이 순수한 나의 욕망일까? 아니면 포르노 등을 통해 학습된 것일까? 물론 학습한 것이라도 나에게 잘 맞지 않으면 몇 번 시도해 보다가 말 것이다. 하지만 포르노를 보지 않았다면, 애초에 그런 시도를 할 생각이나 했을까? 가령 일본 AV(Adult Video)가 없었다면 머니 샷(money shot, 남자가 여자의 얼굴에 사정하는 행위)이 지금처럼 알려졌을까? 포르노가 없었어도 SM 플레이가 지금처럼 모든 이가 아는 용어가 됐을까? 이 말을 오해하지는 말자. 특이한 성적 취향이 잘못됐다거나 나쁘다는 말이 아니다. 다만 포르노가 없었다면 그런 취향이 지금처럼 광범위하진 않았을 것이다.

혹시 '인터넷 룰 34번'을 알고 있는가?

> Rule 34. 존재하는 모든 것에는 그와 관련된 포르노가 있다.
>
> 예외는 없다.

이 말은 곧 '당신이 상상하는 모든 성적 판타지는 이미 포르노에 있다'는 말로 바꿀 수 있다. 그럴듯한가? 당신이 포르노가 될 리 없다고 확신하는 콘텐츠들에도 포르노 버전이 있다. 이를테면 〈텔레토비〉나 〈토이 스토리〉도 포르노가 있다. 외계인이나 좀비와 관계를 맺는 포르노는 흔하다. 우리는 현실에서 이루지 못할 욕망을 상상하며 포르노를 본다.

하지만 반대의 경우도 많다. 포르노를 봤기 때문에 우리는 상상을 한다. 그리고 이 상상은 멈추지 않는다. 한번 스리섬에 관한 생각이 머리에 들어오면, 그 생각은 사라지지 않는다. 성적 판타지는 언어와 같다. 새로 익힐 순 있어도 잊어버릴 순 없다. 우리의 욕망은 선조들에 비해 수백 걸음 앞서가고 있다.

참고로 이 규칙이 34번인 건 처음 이 밈을 만든 이가 마치 법률처럼 보이려고 아무 숫자나 갖다 붙였기 때문이다. 하지만 이후 하나씩 규칙이 더해졌고, 현재는 100번까지 빼곡히 정해져 있다. 그렇게 정해진 룰 35번은 아래와 같다.

Rule 35. 만약 그런 포르노가 없다면 곧 만들어질 것이다.

포르노와 여성 혐오

인권이 강화되는 추세와는 무관하게 포르노에서 여성에 대한 폭력은 갈수록 심해지고 있다. 구토가 올라올 정도로 무리하게 목 깊숙이 페니스를 쑤셔 넣고, 여러 남성이 한 여성의 성기와 항문에 동시에 페니스를 집어넣는 하드코어 포르노가 특별하지 않은 것이 됐다. 현대 포르노는 마치 올림픽처럼 인간의 한계에 도전한다. 여성 배우들은 '더 세게'를 외치며 금메달에 도전하는 선수처럼 굴며, '걸레'나 '창녀'라는 말을 들어도 좋아 죽으려고 한다.

엽기적인 행위가 없는 평범한(?) 포르노도 있는데, 이런 것들은 보통 아마추어가 촬영한 것이거나 불법 촬영물이다. 이들은 '리얼'하기 때문에 소프트해도 용서받는다. 하지만 그들은 현재와 가상을 완전히 흩뜨려 놓아 오히려 논란을 가속화한다.

어쩌면 여성에 대한 사물화와 남성의 자기만족이야말로 포르노의 본질일지도 모른다. 성인 잡지《맥심》의 창간 멤버인 숀 토머스는 한 인터뷰에서 이렇게 답했다.

《맥심》은 뉴스 보도를 위한 잡지가 아닙니다. 그런 건 신문이나 방송사의 일이죠. 남성 잡지가 존재하는 이유는 남자들에게 남자답게 굴어도 괜찮다는 메시지를 전하기 위해섭니다. 맥주를 마시고, 다트 게임을 하고, 여자를 쳐다봐도 된다는 거죠. 우리는 페미니즘을 조롱하는 흐름의 선봉에 있다는 의식을 갖고 《맥심》을 창간했습니다. 그리고 나는 우리가 성공했다고 믿습니다.

포르노는 사람들을 어떻게 변화시킬까? 분명 누군가는 이런 의문을 품고 연구를 시도했을 것이다. 2009년 몬트리올 대학교 심리학 교수 시몽 루이 라주네스(Simon Louis Lajeunesse)는 포르노가 젊은 남성의 행동과 성격에 미치는 영향을 알아보기 위해 포르노를 즐겨 보는 20대 남성 20명과 전혀 보지 않는 20대 남성 20명을 모집했다. 하지만 이 실험은 결국 취소됐다. 왜냐면 포르노를 전혀 보지 않는 남성을 한 명도 구하지 못했기 때문이다.

미국의 한 조사에 따르면, 8세에서 16세에 이르는 남자아이 90퍼센트가 온라인에서 포르노를 본 경험이 있다고 한다. 그리고 대부분은 하드코어 포르노였다. 물론 남자든 여자든 거친 섹스를 즐기는 이들이 있기 때문에 하드코어 포르노 자체를 평가할 생각은 없다. 다만 하드코어 포르노를 가장 먼저 접할 경우 그 아이들이 이성과 관계를 제대로 맺을 수 있을지 의문이 든다. 여자아이들이 그런 영상을 봤을 때 어떻게 받아들일지도 모르겠고. 무엇보다 폭력적인 섹스가 각종 성범죄의 트리거가 되는 것은 아닐까 하는 걱정도 든다. N번방 사건 같은 범죄에 폭력적인 포르노가 영향을 미치지 않았다고 누가 장담할 수 있겠는가.

물론 폭력적인 영화를 본다고 해서 폭력적인 사람이 아니듯이 포르노 취향만으로 사람을 판단할 순 없다. 하지만 섹스의 쾌감은 즉각적이다. 그런 상황에서 우리의 이성이 얼마나 제대로 작동할 수 있을지 모르겠다. 나는 대다수 남성이 포르노에 나오는 폭력적 행동을 좋아한다고는 생각하지 않는다. 하지만 그런 포르노에 익숙해지면 그런 행위를 좋은 것이라 착각할 수 있다. 사람들이 포르노를 즐기는 것은 본능일 수 있겠지만, 어떤 포르노를 즐기느냐는 사회적으로 길러진다.

포르노가 바꾼 세상

포르노(대중매체) 등장 이후 우리 눈이 높아졌다. 이게 대체 무슨 소리냐 하겠지만, 눈이 높아지는 건 굉장히 중요하다.

　남자 아이돌을 좋아하는 여성 팬들은 "우리 ○○를 보고 나니 주변 남자들이 눈에 안 들어온다"고 농담할 때가 있다. 하지만 그건 절대 농담이 아니다. 아이돌이나 배우 등으로 이상형을 만난 여성은 그 우상과 일종의 정신적 관계를 맺기 때문에 그 관계에서 어느 정도 만족감을 얻고, 그로 인해 현실에선 관계 맺기를 추구하지 않을 수도 있다. 사실 아이돌 같은 매력적인 남성을 실제 만나기 어렵고, 일반인 남성을 만나면 시시하게 느껴진다. 자신의 처지를 잘 아는 여성들은(여성들은 남성에 비해 성적으로 자신을 낮게 평가하는 경향이 있다) 이상형을 만나는 것이 불가능함을 깨닫고, 그냥 환상을 소비하며 현실 연애를 포기한다.

반면 남성은 여성처럼 쉽게 포기하지 않는다. 어차피 최대한 많이 씨를 퍼트려야 하니, 포르노를 보면서 가상 섹스를 하고 짧은 현타 후에 현실 세계에서 여성과 섹스하기를 욕망한다. 비혼 혹은 비연애를 선언한 이의 비율을 보면 여성이 남성보다 두 배 이상 많다. 그렇다고 해서 남성들이 현실 연애를 잘하냐 하면 그렇지도 않다.

현실의 섹스는 연애의 일부다. 반면 포르노에는 오직 섹스만 있다. 현실에서 우리의 입은 먹고 말하기 위해 존재하지만, 포르노에서 입은 순전히 섹스를 위해 존재한다. 항문도, 가슴도, 손도, 발도 모두 마찬가지다. 심지어 사물조차 섹스를 위해 존재한다. 포르노에서 모든 것은 섹스로 귀결되고, 그것은 현실 섹스보다 강렬한 몰입을 선사한다. 남성 배우의 페니스는 실제보다 크고 테크닉도 좋고 삽입 시간도 길다. 여성 배우의 얼굴은 인형 같고 가슴은 거대하고 피부는 탄탄하며 성기는 아기 같고 교성은 자극적이다.

모든 콘텐츠는 시간이 지날수록 정교해지는데 유독 포르노만은 반대로 간다. 과거 포르노들은 나름 스토리도 있고 기승전결도 있었다. 하지만 인터넷에서 소비되는 현재 포르노는 대부분 단순한 섹스 클립일 뿐이다. 포르노에 중독된 남성들 중엔 현실 섹스에 만족감을 느끼지 못하는 이도 많다. 이들은 현실에서 구애 활동을 전혀 하지 않는다. 현실에서는 포르노에서와 같은 섹스를 할 수 없기 때문이다. 포르노는 섹스보다 더 섹스하다.

포르노를 보지 않는 사람도 포르노의 영향을 받는다. 소프트코어 포르노(softcore pornography, 포르노그래피의 한 형태로 가벼운 성행위만을 다룬다) 이미지가 이미 사회에 흡수됐다. 가령 왁싱을 생각해 보자. 포르노에서 등장한 왁싱은《코스모폴리탄》같은 잡지와 미국 드라마〈섹스 앤 더 시티〉같은 대중적 콘텐츠를 타고 세계 전역에 퍼졌다. 20년 전 첫 섹스를 할 때만 해도 나는 왁싱의 개념조차 몰랐다. 그날 상대의 말, 행동, 손짓, 떨림은 어젯밤 일처럼 기억하지만, 성기 주변에 털이 있는지 없는지는(아마 있었겠지만) 기억나지 않는다. 그건 전혀 중요한 요소가 아니었다. 하지만 언젠가부터 나 역시 상대방이 왁싱을 했는지 안 했는지 신경 쓰기 시작했으며, 나름의 취향까지 생겼다. 물론 사람들이 왁싱을 하게 된 것이 꼭 포르노 때문은 아닐 것이다. 왁싱의 장점이 있고, 나역시 포르노와 무관하게 왁싱을 좋아하게 됐을 수도 있다. 매끈한 성기는 아마도 어린 상대를 좋아하는 욕망을 자극하는 측면이 있을 것이다. 하지만 왁싱이 대중매체를 통해 깔끔하고 위생적이며 섹시한 이미지로 퍼지지 않았다면, 사람들이 지금처럼 왁싱을 받아들이진 않았을 것이다. 세상 모든 선택이 그렇지만 완벽히 자유로운 것은 없다. 설혹 당신이 자유롭게 선택했다고 믿는다 해도 말이다.

《코스모폴리탄》을 포함한 여성지들은〈21가지 야한 섹스 팁〉, 〈그이를 뜨겁게 만들어 줄 오럴 기술〉, 〈당신이 상상도 못해 봤을 여덟 가지 섹스 체위〉(실제 기사 제목) 등의 기사를 쏟아 내며, 그런 것들이 마치 '여성의 성 해방'인 양 포장한다. 하지만 그건 어디까지나 포르노를 통해 남성이 만들어 낸 섹스 판타지일 뿐이다.

과잉 성애화된 이미지는 대중적으로 소비된다. 이제 여성들조차 스스로 그런 대상이 되고 싶어 하며, 그런 현상을 아무렇지 않게 받아들인다. 인간은 오직 육체적 매력만으로 짝짓기를 하지 않는다. 두뇌가 만들어 내는 수많은 요소를 따진다. 그리고 앞에서 오랜 시간을 할애해 설명했듯이(이 부분의 원고가 편집됐다) 그걸 따지는 게 본능적인 것이다. 하지만 포르노는 육체적인 것이 전부라고 말한다.

포르노는 이제 사회의 주류가 됐다. 원나잇에 대한 가장 이상적인 답변은 (본인이 하든 안 하든) "뭐 어때, 신경 쓰지 않아"가 되었다. 정말 신경 쓰지 않는다는 게 아니라 모두가 그렇게 생각하기를 강요받는다. 그리고 그 속에 사는 우리는 실제로 그렇게 되어 간다. 이제 섹스는 너무 쉬워졌고, 그냥 오락이 됐다. 나쁘다는 게 아니라 그냥 그렇다는 것이다.

포르노가 이런 문화를 만들어 냈는지조차 더는 중요하지 않다. 우리는 포르노 없는 과거로 돌아갈 수 없다. 돌아가고 싶지도 않고. 다만 우리에게는 새로운 문화에 맞는 새로운 대안이 필요할 뿐이다. 문제는 그것이 무엇인지 아직 모르겠다는 거지. 그리고 시대는 우리가 답을 찾는 것을 기다려 주지 않고 계속해서 무언가를 내놓을 것이다.

7장.
미래의 연애

"당신이 태어났을 때 이미 세상에 존재하던 것은
모두 정상이라고 느껴진다.
그리고 서른다섯이 되기 전에 생긴 것은
흥미롭고 획기적으로 느껴질 것이다.
하지만 그 이후 생겨난 것들은
자연의 질서에 어긋난다고 생각할 것이다."

-영국 소설가 더글러스 애덤스

제도란 언제나
한발 늦다

2001년 네덜란드는 세계 최초로 동성 간의 결혼을 법적으로 허용했다. 이후 수많은 나라에서 동성혼을 인정하기 시작했고, 2015년 미국이 동성혼을 인정하면서 (부정하고 싶은 이들도 있겠지만) 동성혼은 우리에게도 정해진 미래가 되었다.

한발 더 나아가 프랑스와 뉴질랜드 등 일부 국가에서는 시민결합제도를 운영하고 있다. 시민결합은 정해진 형태가 없다 보니 국가별로 명칭도 내용도 제각각인데, 프랑스 팍스(PACS, 시민연대계약)의 경우, 이성이든 동성이든 심지어 연인이 아니더라도 동거인 신고를 하면 가족과 같은 법적 지위를 인정한다(사실 결혼 제도에서도 국가는 두 사람이 진짜 연인인지 아닌지 판단하지 않는다).

2014년 한국에서도 진선미 의원이 '생활동반자법'을 발의한 적이 있다. 기초적 형태의 시민결합을 인정하는 것인데, 진선미 의원 본인이 혼인신고 없이 오랜 시간 파트너와 지내다 보니 시

동성혼을 합법화한 국가들

2001년 네덜란드

2003년 벨기에

2005년 스페인, 캐나다

2006년 남아프리카공화국

2007년 멕시코

2009년 노르웨이, 스웨덴

2010년 포르투갈, 아이슬란드, 아르헨티나

2012년 덴마크

2013년 브라질, 프랑스, 우루과이, 뉴질랜드

2014년 영국(잉글랜드, 웨일스, 스코틀랜드)

2015년 룩셈부르크, 아일랜드, 미국

2016년 콜롬비아, 그린란드

2017년 핀란드, 몰타, 독일, 호주

2019년 오스트리아, 대만, 에콰도르

2020년 코스타리카

2021년 스위스

민결합의 필요성을 절실히 느낀 것 같다. 법안을 발의한 당시에는 반대 여론이 강해 제대로 논의조차 되지 못했지만, 지금은 분위기가 많이 달라졌다. 요즘은 이전만큼 동거를 손가락질하지 않는다. 국내에서는 아직까지 동성애에 대한 반발이 있어 시민단체에서는 동성혼보다 생활동반자법으로 직행하려는 추세다. 그러면 자연스레 동성 관계도 인정받을 수 있게 되니 말이다.

보수적인 이들은 동성혼이나 시민결합제도가 제도화되면 전

가장 공적인 연애사

통적인 의미의 가족이 해체되고 사회가 혼란스러워질 거라며 우려한다. 그런데 정말 그럴까?

1997년 동성동본의 결혼을 금지하는 법이 헌법재판소에서 위헌 판결을 받아 폐지되었고, 2005년에는 호주제가 같은 절차를 거쳐 폐지됐다. 당시 전국의 '에헴~' 하는 어르신들은 힘차게 갓을 쓰고 나와 반대 시위를 벌였다. 그들은 사회의 근본이 무너진다며 땅을 치며 통곡했다. 그런데 20년이 지난 지금도 우리 사회는 건재하다. 사회가 무너졌다고 생각할 순 있겠지만, 그 법이 사라졌기 때문은 아닐 것이다. 우리는 그런 법이 있었는지 기억조차 못할 정도로 아무 영향도 받지 않았다.

제도의 변화는 원인이 아니라 결과에 가깝다. 동성동본의 결혼 금지나 호주제는 가부장 중심의 대가족 제도 안에서 만들어진 법이다. 그런데 한국은 이미 1980년대에 완전히 핵가족화된다. 호주제나 동성동본 결혼 금지는 시민들을 보호하기는커녕 가정 폭력의 빌미가 되는 등 오히려 시민의 삶을 힘들게 만드는 악습이 된 지 오래였다. 그러니 사회 통합을 이루어야 할 정부 입장에서 법 개정은 불필요한 것을 없애는 과정에 불과했다.

동성혼 등의 제도가 단순히 소수자의 인권을 보호하는 시혜적인 조치처럼 보이겠지만, 그렇게 단순한 문제가 아니다. 결혼에 기반한 기존의 가족 형태는 여성의 사회 진출이 시작된 이후로 수많은 모순을 드러내며 무너지고 있다. 기존 체제가 포용하지 못하는 이가 늘어나기 시작했고, 이는 사회의 시스템을 위협하고 발전을 저해한다. 이제 국가가 소수자들을 포섭하지 않고서는 제 역할을 할 수 없는 지경에 이르렀다.

보수 단체에서는 동성혼이 허용되고 생활동반자법이 제정되면 가족이 해체되고 사회가 망한다고 하는데, 안타깝게도 이미 가족은 해체됐고 사회는 망해 가고 있다. 대다수 선진국이 그렇고 한국 역시 그렇다. 국가가 소수자를 끌어안고 새로운 법을 만들어 가족의 범위를 확대하는 것은 그렇게라도 해야 그나마 가족이라는 제도를 유지할 수 있어서다.

초기 시민결합은 결혼할 수 없는 동성 커플을 위한 제도였다. 동성 커플에게 결혼을 허용해 주자니 보수주의자들의 눈치가 보이고, 그래서 결혼보다는 가벼운 느낌의 시민결합이 등장한 것이다. 그런데 막상 법을 시행했더니 동성 커플보다 결혼을 하지 않았던 이성 커플이 훨씬 더 많이 시민결합에 참여했다. 프랑스의 경우, 시민결합제도가 시행된 초기에는 전체 신청자 중 동성 커플의 비중이 30퍼센트 정도였다. 그런데 20년이 지난 지금, 동성 커플은 5퍼센트밖에 되지 않는다. 동성 커플의 신청이 줄어든 것이 아니라 이성 커플의 신청이 늘어난 것이다. 즉 이성 커플에게도 결혼 외에 다른 제도가 필요했던 것이다.

결혼은 두 사람이 하지만 사실 그 이상의 결합이다. 흔히 가족 대 가족의 결합이라는 표현을 쓴다. 과정도 복잡하고 비용도 많이 든다. 정서적인 부담도 크다. 삶이 불안정한 젊은 층에게는 장기적인 관계 자체가 부담이다. 그런데 반대로 생각해 보면 삶이 불안정한 이들이야말로 누구보다도 파트너가 필요하다. 그런데 기존 결혼 제도가 이들이 파트너를 갖는 것을 가로막는다. 시민결합은 이 부분을 정확히 저격했다. 프랑스의 경우 이제 결혼보다 시민결합으로 가족이 되는 경우가 훨씬 많다.

요즘 젊은 세대에게 결혼은 매우 어려운 일이다. 하지만 이혼은 그것보다 더 어렵다. 결혼이 국가대표 선발전이라면 이혼은 올림픽 출전이랄까? 뭔가 비유가 이상하지만 아무튼 그렇다. 이상적인 이혼("우리는 이제 다른 길을 가지만 너의 앞날을 위해 기도할게. 너와 함께한 시간 잊지 못할 거야")을 1, 상상할 수 있는 최악의 이혼을 10이라고 한다면, 내가 본 이혼은 모두 8 이상이었다. 참고로 8은 치고받고 싸우지만 그나마 끝낼 때는 "잘 살아" 하면서 털어 버리는 것이고, 9는 치고받고 싸우다가 두 번 다시 보지 말자며 저주를 퍼붓고 헤어지는 것이고, 10은 둘 중 한 명 혹은 두 명이 모두 죽…… 아무튼 범죄가 발생하는 경우다. 내 지인들이 다 성격파탄자여서 이런 결과가 나온 것은 아닐 것이다. 성인군자도 이혼에서만은 꼭 이 범주에 들어간다. 결혼이 가져오는 애정 이외의 복잡한 것들이 결혼을 어렵게 만들고 이혼을 어렵게 만든다. 시민결합은 이런 부분에 획기적인 변화를 가져올 수 있다.

그럼 시민결합이 도입된 국가들에서는 결혼이나 출산이 줄어들었을까?

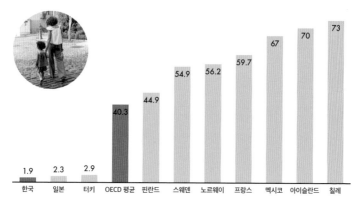

OECD 회원국 비혼 출산 비율(2016년 현재, 단위는 %). 한국의 수치를 보며 누군가는 역시 동방예의지국 하며 플렉스할지 모르겠지만, 그 덕분에 국가는 존립 자체가 위태로워 지고 있다.

결혼하는 비율만 놓고 보면 과거와 큰 차이가 나지 않는다(조금 줄긴 했지만, 시민결합 이전부터 결혼은 줄어드는 추세였다). 하지만 출산은 오히려 늘어났다. 시민결합이 만들어 낸 안정감이 출산을 유도한 것이다. 물론 출산이 연애의 목적은 아니다. 개인의 목적도 아니다. 하지만 국가 입장에서 낮은 출산율은 국가의 존립을 위협하는 심각한 문제다.

물론 시민결합 역시 변화하는 현실에 비하면 뒤처진다. 앞서 살펴본 폴리아모리 관계 혹은 성애가 없는 집단적인 동거인들을 끌어안지 못하고 있으니까. 그럼에도 시민결합제도가 결혼 제도의 폭을 넓히고, 사회 안정에 이바지하는 건 분명해 보인다.

반대자들의 주장과 달리 오히려 새로운 제도가 가족과 국가를 살린다. 시민결합 같은 법이 제정되지 않는다면, 그들이 걱정하는 사회 해체는 더 빨리 진행될 것이다. 지금의 한국이 그 대표적인 경우다. 사실 이런 정책은 오히려 보수주의자들이 찬성해야 한다. 그래야 그들이 바라는 이상을 유지할 수 있고, 가족에 기반을 둔 국가를 조금이나마 더 끌어갈 수 있다. 하지만 이런 시도조차 하지 않거나 이런 시도로 해체의 속도를 늦추지 못한다면, 우리는 다시 한번 대변혁의 시기를 겪을 것이고, 연애의 형식 역시 또 한번 요동칠 것이다.

K적인 것

2021년, 한국 가족의 미국 정착기를 다룬 영화 〈미나리〉가 미국을 포함한 전 세계 관객의 극찬을 받으며 온갖 상을 휩쓸었다. 해외 영화 사이트에서도 '영화보다 오열', '인생영화' 등의 반응을 쉽게 찾아볼 수 있다. 한국은 외국에서 상을 받았다고 하면 일단 높게 치고 들어가기 때문에 〈미나리〉는 블록버스터급 관심을 받으며 국내에서 개봉했고, 코로나19 팬데믹에도 꽤 많은 관객을 극장으로 불러들였다. 그런데 국내에선 '그냥 가족 영화군. 나쁘지 않네. 저 때는 저랬었지' 정도의 무덤덤한 반응이 많았다. 내가 〈미나리〉에 대해서 가장 흥미로웠던 부분은 바로 이 지점, 한국과 외국의 온도 차이였다.

한국의 출산율은 세계에서 가장 낮다. 가장 낮은 그룹 중 하나가 아니라 0.8명으로 독보적 꼴찌다. 싱가포르, 마카오, 홍콩 같은 일부 도시 국가가 비슷하긴 하지만 같은 규모의 국가 중에는 경쟁자가 없는 압도적인 꼴찌다. 그리고 유일하게 계속 떨어지고 있다. 나는 앞에서 어쩌면 인간의 본성은 자녀를 두 명 갖는 것이라고 추측했다. 세계적인 추세를 보면 비슷하다. 하지만 한국은 이 예측을 크게 빗나간다.

이 이유에 대해서 전문가들은 이런저런 진단을 내놓는다. 아이를 낳기 힘든 환경, 치열한 경쟁 사회, 심각한 빈부 격차, 뒤떨어진 가부장 문화 등등, 그 말 다 맞다. 다 맞는데, 그렇다 쳐도 이 수치는 말이 안 된다. 한국보다 앞에서 언급한 이유들이 더 나쁜 곳도 한국보다는 출산율이 높다.

결국 다른 요인이 있는 것이다. 한국에서 가족의 가치가 다른 국가들보다 현격히 낮기 때문이 아닐까 싶다. 〈미나리〉를 시큰둥하게 본 이들은 이 영화가 한국인이 나오는 미국 영화라고 이야기한다. 맞다. 이 영화는 분명 미국 영화다. 하지만 미국 정서가 이해 안 된다면 이제까지 할리우드 영화는 어떻게 봤는가? 우리는 이 영화의 정서를 이해 못하는 게 아니다. 가족에 대한 정서, 누가 모르나? 다 안다. 다만 이제 우리에게 그런 감정이 사라졌을 뿐이다. 전 세계에서 사라지고 있겠지만, 유독 한국에서는 더 빠르게 사라진다. 다른 나라 관객들은 공감을 하지만, 우리나라 관객들은 '아 예전엔 저랬었지'라고 추억할 뿐이다. 생각해 보면 할리우드 블록버스터 영화의 기본 옵션이라고 할 수 있는 가족애에 한국 관객만큼 경기를 일으키는 이들도 드물다. 한국인이

가장 공적인 연애사

자기 가족에 대한 애정이 없다는 뜻이 아니다. 누구나 부모님 이야기가 나오면 눈물을 흘린다. 하지만 이제 사회적으로 가족은 구태의연한 것이 되어 버렸다.

한국의 1인 가구 비율은 이미 30퍼센트를 넘었다. 이제 한국에서 가장 흔한 가구가 1인 가구다. 가족에 대한 애틋함은 지난 추억이 돼 버렸다. 그런데 동아시아의 유교 문화는 이 사라진 가족의 가치를 강제한다. 법은 여전히 가족을 중심으로 설계되어 있다. 가족은 해체되고 가치는 없어졌는데 법과 문화가 이를 강제한다. 실체가 없는데 관념만 남아 강조되니 가족은 어느새 지긋지긋한 족쇄가 되어 버렸다. 그러니 가족의 가치를 이야기하는 순간 꼰대가 돼 버린다.

경제가 어려워도 가족의 가치가 경제적 가치를 넘어서면 그 문화권에서는 결혼을 한다. 경쟁이 치열해도 가족이 그 가치를 상회해 주면 아이를 낳는다. 하지만 한국은 그 수준이 안 된다. 통계청이 발표한 〈2020 한국의 사회지표〉에 따르면 10대, 20대의 50퍼센트 이상이 결혼을 해도 아이를 낳을 생각이 없다고 답변했다. 한국의 자살률이 높은 것 역시 같은 맥락에서 볼 수 있다. 한국보다 경제적으로 힘든 곳도 한국보다는 자살률이 낮다. 한국에서는 마지막 버팀목이 되어 주는 가족이라는 가치가 없다. 가치는 없는데 문화적으로 붙어 있으니 오히려 가족이 자살의 원인이 된다. 그렇다고 해서 가족을 대체할 새로운 가치가 세워졌느냐 하면 그렇지도 않다. 그러니 자살률이 높을 수밖에.

잊지 말자. 제도란 언제나 한발 느리고, 우리가 보는 현상은 원인이 아닌 결과다. 후발 주자인 한국은 서양 국가들이 다 하고 나면 그제야 따라가는 경향이 있는데, 현재 가족에 대한 급격한 인식 변환을 생각해 보면 한국은 서양 국가들보다 더 빨리 변해야 한다. 그래야 그나마 가능성이 있다. 사람들은 한국이 뒤처진다 뒤처진다 습관처럼 말하는데, 한국은 지금 너무 많이 앞서가고 있다. 현실과 인식의 간극을 따라잡지 못하면 한국의 가정 해체는 더 가속화될 것이다. 해체되는 것을 막을 수 없다면 새로운 대안이라도 제시해야 한다. 국가를 보존할 가장 쉬운 방법은 이민자를 지금의 국민 수만큼 받아들여서 젊은 인구와 출산율을 끌어올려 완전히 체질 개선을 하는 것인데, 민족 정서가 강한 한국에서 과연 이런 변화가 근본적으로 가능할지 모르겠다.

대부분은
의외로 잘 산다

사회가 급변하고 있다. 경제 체제가 변하고 가족이 해체된다. 기존의 가치관은 대부분 무너졌지만, 새로운 가치관들은 제각각이다. 자녀를 안 낳는 부부도 늘어나고, 이혼율이 급증했고, 결혼을 안 하는 연인도 많고, 기존의 독점적 관계 이외의 새로운 관계를 모색하는 이들도 있으며, 연애나 섹스를 하지 않는 사람도 있다. 뉴스와 잡지에는 새로운 연애 방식이 넘쳐난다. 실제로 주변 사람들 중 일부는 새로운 연애 형태를 받아들이고 그렇게 살고 있다. 그런데 그 사실을 알고 있는가?

대부분 사람은 의외로 평범하게 잘 산다. 평범하게 연애하고 평범하게 결혼해서 평범한 가정을 이룬다. 물론 결혼한 이들은 대부분 자신은 행복하지 않다고 그러니 너는 결혼하지 말라고 조언하지만, 결혼하든 안 하든 사람은 보통 행복하지 않기 때문에 그들이 꼭 결혼 때문에 불행하다고 할 수는 없다.

사람들은 이혼율이 끝없이 증가하고 있다고 믿는데, 21세기 이후 이혼율은 안정세에 접어들었다. 오히려 근래에 다소 낮아진 편이다. 물론 결혼 평균 연령이 높아지고 아예 결혼을 하지 않는 사람들도 늘어난 탓이겠지만, 어쨌든 이혼율의 증가세는 멈췄다. 그리고 이혼율이 아무리 올라갔어도 여전히 함께 살아가는 사람이 더 많다. 그러니까 대부분 사람은 과거의 방식으로도 여전히 잘 산다.

우리는 파트너를 원한다

현대인들은 '독립적인 개인'을 중시한다. 연애나 인간관계로 힘들어할 때 이런 충고를 들은 적이 있을 것이다.

"행복은 네 안에 있어. 결코 애인이나 친구에 의지하면 안 돼. 네 스스로 너를 돌볼 수 있어야 해. 타인과의 관계 때문에 무너지지 않도록 해야 해. 만약 남에게 너무 휘둘린다면 그 상황으로부터 감정적 거리를 두고 네 자신에게 집중해 봐. 그럴 수 없다면, 너는 남에게 너무 얽매여 있거나 의존적인 상태인 거야. 그땐 타인과 좀 더 명확히 선을 그어야 해."

이런 말에 고개를 끄덕인 적이 있지 않은가? 타인에게 얽매이는 자신의 모습이 한심해 스스로를 채찍질한 적이 있지 않은가? 그런데 과연 그 충고대로 되던가? 정말 나 홀로 '독립적인 인간'이 되던가? 이런 충고는 맞는 말일지는 몰라도, 실현 가능성은 낮다. 독립적인 개인이 현대인의 이상적인 모습이겠지만, 우리의 본성과는 한참 떨어져 있다.

심리학자 존 보울비(John Bowlby)는 애착이 우리의 본성이라 주장한다. 인간은 주변인 가운데 일부를 특별히 아끼도록 진화론적으로 프로그래밍되었다는 것이다. 선사 시대에는 (그 이후에도) 무리에 속하지 않고 독립적으로 생활한 사람은 생존이 어려웠다. 반면 무리를 이루고 함께한 사람들은 대체로 오래 살아남았다. 이들은 당연히 번식에 유리했으며, 친밀함을 선호하는 유전자를 자손에게 물려주었을 것이다.

우리의 뇌 속에는 부모나 자식, 파트너 같은 애착 대상과의 관계를 생성하고 유지하는 일만을 하는 메커니즘이 따로 존재한다. 그만큼 특별한 존재를 만들고, 그 존재와 가까이 지내고 싶은 욕구는 인간에게 중요하다. 주 양육자(보통은 부모지만 다른 사람일 수도 있다)와 떨어진 아기가 극도로 흥분하고 우는 이유가 이 때문이다. 이를 항의 행동(protest behavior)이라 하는데, 애착 대상과의 친밀감을 회복하기 위해 과도하거나 적대적인 행위를 하는 것을 말한다. 어른 역시 사랑하는 사람과 떨어지게 되면 극심한 불안에 시달리다 멍청한 짓을 저지른다.

20세기 초반만 해도 양육할 때 아이가 독립적으로 자랄 수 있게 일부러 애착을 형성하지 말 것을 권고했다. 전문가들은 부모가 아이의 응석을 자꾸 받아 주면 아이가 애정에 굶주리고 심리적으로 불안정해져 어른이 되었을 때 사회에 적응하지 못하게 된다고 경고했다. 그들은 엄격한 어머니 밑에서 자란 아이가 자주적이고 용감하며, 독립적일 뿐 아니라 적응력도 뛰어나다고 믿었다.

하지만 제2차 세계대전으로 발생한 고아들의 성장을 분석한 결과, 정반대의 결과가 나왔다. 고아들은 안정적인 물적 지원을 받더라도, 주변인들에게 친밀한 스킨십이 동반된 사랑을 받지 못하면, 타인에 대한 관심이 줄어들고 우울해하며 신체적으로도 발육이 더뎠다. 이를 정리한 것이 보울비의 '애착 이론'이다. 영아와 주 양육자 사이의 강한 정서적 애착이 아이의 생존과 심리, 사회적 발달에 중요한 영향을 미친다는 주장이다.

아이뿐 아니다. 어른들도 마찬가지다. 서로에게 애착을 느끼는 두 사람은 단순히 정서적인 차원을 넘어서 생리적으로 연결된다. 버지니아 대학교 제임스 코언(James Coan) 박사팀의 실험이 이를 단적으로 보여 준다.

연구진은 실험을 위해 기혼 여성들을 모았다. 그리고 그녀들에게 MRI로 뇌를 촬영할 계획인데 촬영 중에 가벼운 전기 충격을 줄 것이라고 알려 주었다. 당연히 생명을 위험하게 하거나 상처가 생길 정도는 아니다. 하지만 분명 따끔할 것이다. 당연히 이말을 들은 사람들은 불안감에 떨며 스트레스를 받았다. 여기서 스트레스란 주사를 맞을 때, 간호사가 준비한 주사기를 꺼내서 맞히기 직전 환자가 느끼는 긴장감 같은 것이다.

코언은 총 세 번 실험을 진행했다. 한번은 여성들이 혼자서 이스트레스 상황에 놓이는 경우, 또 한번은 전혀 모르는 사람이 손을 잡아 준 경우, 마지막은 남편이 손을 잡아 준 경우다. 사람은 스트레스를 받으면 시상하부가 활성화된다. 당연히 혼자서 스트레스를 받을 때 시상하부가 가장 크게 반응했다. 그리고 모르는 사람이 손을 잡아 줬을 때는 반응이 반으로 줄었다. 마지막으로 남편이 손을 잡아 줬을 때는 스트레스가 거의 감지되지 않았다. 사전 조사에서 결혼 생활에 만족한다고 답변한 여성일수록 더 낮은 반응을 보였다. 손을 잡는다고 해서 물리적 고통이 줄어드는 건 아니다. 당연히 실험 대상들도 그 사실을 알았겠지만, 결과는 드라마틱하게 달라졌다. 믿을 만한 사람이 손을 잡아 주는 것만으로도 이렇게 결과가 달라지는데, 어떻게 우리가 타인과 동떨어진 개별적 존재라 말할 수 있겠는가.

우리는 애착과 개인의 독립성을 대립하는 것으로 보는 경향이 있지만 꼭 그렇지는 않다. 한번 상상을 해 보라. 놀이기구가 많은 낯선 곳에 아이를 데리고 간다. 만약 아이와 친밀한 이가 그 방에 없다면, 아이는 아무리 재미난 놀이기구가 많아도 섣불리 그 공간을 돌아다니지 못할 가능성이 높다. 반면 아이가 신뢰하는 보호자가 입구에서 편하게 책을 읽으며 기다리고 있다면, 아이는 그 공간을 뛰어다니며 새로운 놀이를 즐길 것이다. 즉, 보호자가 있다는 안정감이 아이로 하여금 새로운 도전에 나서게 한 것이다. 이 경우 아이의 활발함은 의존성에서 나온다.

파트너는 생존 능력에 강력한 영향을 미친다. 자존감뿐 아니라 희망을 품고 꿈을 좇기 위한 노력에도 영향을 미친다. 베이스캠프가 확실해야 우리는 새로운 일에 자신감 있게 도전할 수 있다.

애착 이론은 우리가 연애와 결혼에서 얻는 만족감을 잘 설명해 준다. 애착 욕구를 채워 주고 베이스캠프 역할을 성실히 수행하는 파트너를 둔 사람은 정신적, 육체적으로 훨씬 건강하며 실제로 수명도 길다. 꼭 섹스를 많이 하는 사람이 더 행복하다고 할 수는 없지만, 평균적으로 섹스 횟수가 많은 사람이 적은 사람보다 삶의 만족도가 높다. 사람들은 부부간의 성관계에 대해 "가족끼리 그러는 거 아니야"라고 말하곤 하지만, 사실은 그렇지 않다. 솔로, 심지어 동거 중인 커플보다 부부가 더 많은 성관계를 갖는다. 뜨겁진 않지만 꾸준하다. 단기간 횟수는 적을지 몰라도, 전체를 놓고 보면 훨씬 많으며 이는 행복과 직접적인 연관이 있다.

행복감 조사에서 부부를 이룬 사람들이 부부를 이루지 않은 사람들보다 평균적으로 행복한 것으로 나온다. 사실 새로운 관계를 실험하는 것은 여간 피곤한 일이 아니다. 사회적 통념은 맞든 틀리든 따르는 것만으로도 심적, 경제적으로 편해지는 측면이 있으며, 이는 에너지를 줄여서 다른 일에 집중할 수 있게 해 준다.

나는 앞서 폴리아모리 커플인 승은, 우주, 지민 이야기를 하며 그들의 안정감이 부럽다고 했지만, 실험적인 관계에서 그 정도 안정감은 쉽게 얻어지는 것이 아니다. 현실적으로 그런 안정감을 얻는 가장 쉬운 방법은 평범한 연애와 평범한 결혼이다. 당신은 비웃을지 모르지만, 연인들의 그 모든 유치한 행동은 자신을 안전하게 보호하고 새로운 일에 집중할 수 있게 해 준다.

완벽한 관계는 없다

안정감이 꼭 사랑이라는 감정에서 기인할 필요도 없다.

우연히 알게 된 50대 여성이 있다. 이분은 좋은 대학을 나왔고, 모델을 할 정도로 외모도 출중하다. 다만 집안 형편이 어려워서 20대 초반에 열 살 이상 많은 조건 좋은 남성을 만나 결혼을 했다. 누군가는 그녀의 선택을 비난할지 모른다. 하지만 내가 볼 때 중요한 건, 이 부부가 현재 매우 잘 살고 있다는 것이다. 부인은 간간이 모델 활동과 약간의 집안일을 하고 나머지 시간은 새로운 것을 배우고 취미 생활을 하며 여유롭게 보낸다. 남편은 집안을 잘 운영하는 아내를 둔 덕분에 일에 집중할 수 있었고, 지금은 이름만 대면 아는 큰 회사의 중역으로 일하고 있다. 부가적으로 부부 동반 모임에서 모델인 부인의 모습을 과시할 수 있으니 얼마나 만족스럽겠는가.

한번은 섹스에 관한 이야기를 나누다가 그녀가 "저는 남편을 존경하지만, 성적으로 끌렸던 적은 한 번도 없어요"라고 고백한 적이 있다. 내가 "인생은 한 번뿐이잖아요. 혹시 지금이라도 뜨거운 사랑을 해 보고 싶진 않아요?"라고 물었더니, 그녀의 대답은 이랬다.

"저는 지금의 삶에 만족해요. 연애의 흥분을 경험해 보고 싶기도 하지만, 지금의 삶을 포기할 생각은 없어요. 그리고 저는 어려운 시절 저를 도와준 남편을 배신하고 싶지 않아요."

그녀는 가볍게 다른 남성을 만나지만, 남편을 배신했다고 느낄 정도의 깊은 관계는 만들지 않는다.

사랑이 있든 없든 간에 정신적, 육체적으로 한 명의 남편 혹은 부인에게 초점을 맞추고 가족, 친구, 이웃, 나아가 잠깐 만나는 캐주얼한 섹스 파트너와 전남편 혹은 전부인까지 양파 껍질처럼 차곡차곡 쌓인 울타리를 만듦으로써 우리 삶은 안정되고 행복해질 수 있다.

누군가는 그 여성의 태도를 비난할 것이다. 하지만 누구도 완벽히 이상적인 결혼 생활을 하지 않으며, 그런 관계를 구축할 수도 없다. 일부일처제를 공격하는 사람들은 부부관계가 완벽하지 않다고 공격하는데, 사실 인간 사회의 어떤 관계도 완벽하지 않다. 중요한 것은 그 관계를 통해 자신이 갖는 만족감이다. 이 여성과 그녀의 남편은 믿을 수 있는 상대를 만나 삶의 베이스캠프를 마련했다. 그리고 그녀가 말하는 책임이 무엇인지는 잘 모르겠지만, 그녀는 그 책임을 다하고 있다. 그러니 사랑 좀 안 하는 것이 무슨 큰 문제겠는가.

어둠 속의 일탈

1973년 심리학자 게겐 부부(Mary M. & Kenneth J. Gergen)는 독특한 실험을 진행한다. 쿠션으로 바닥과 사면이 이루어진 가로 3미터, 세로 3.6미터 방 두 개를 만들고 각 방마다 생면부지의 사람 여덟 명(남 4, 여 4)을 넣었다. 그리고 한 방은 전등을 완전히 제거해 깜깜하게 만들고, 한 방은 조명을 그대로 남겨 두었다. 그리고 한 시간 동안 두 방을 방치했다. 표본이 적었으므로 다른 실험자를 대상으로 총 여섯 번 같은 실험을 수행했다.

한 시간 뒤에 어떤 일이 벌어졌을까? 일단 불이 켜진 방부터 살펴보자. 아주 좁은 방에 여덟 명이 들어 있으니 무엇을 했겠는가? 뭐 하긴 뭐 해, 동그랗게 둘러앉아서 이야기를 나누지. 매우 좁은 방이었지만 시야가 확보되었기에 이들이 실수로 옆 사람 신체를 터치하는 비율은 극히 낮았다(5퍼센트). 이들은 한 시간 만에 사이가 매우 좋아졌는데, 실험 참가자의 30퍼센트는 성적인 흥분을 느꼈다고 밝혔다.

그럼 불이 꺼진 방 사람들은 어땠을까? 이들은 100퍼센트가 다른 사람을 실수로 터치했다. 불이 없으니 당연하다고 할 수 있다. 근데 이들은 의도적으로 상대방에게 스킨십을 한 경우도 90 퍼센트나 되었다. 참고로 상대방이 싫다는 내색을 할 경우 터치를 할 수 없었다. 그런데도 실험 참가자 대부분이 전혀 모르는 상대와 스킨십을 했다. 50퍼센트는 그 수위가 포옹까지 올라갔으며, 30퍼센트는 키스를 했다. 실험 참가자의 80퍼센트는 성적인 흥분을 느꼈다고 응답했다. 한 번 더 이야기하지만 이 사람들은 이전에 서로를 전혀 알지 못했고, 시간은 딱 한 시간이었다.

사람들은 이 실험을 예로 들며 인간이 본능적으로 얼마나 스킨십을 좋아하는지를 설명한다(50년이나 된 실험이 지금도 언급되는 이유는 이제는 윤리적 문제로 이런 미친 실험을 할 수 없기 때문이다. 딱 들어만 봐도 문제의 소지가 있지 않나). 일부일처제에 반대하는 사람들은 일부일처제가 얼마나 인간의 본성에 맞지 않는지를 이 실험으로 설명하기도 한다. 하지만 나는 이 실험을 전혀 다르게 받아들였다.

인간은 결코 위 실험과 같은 상황에 놓일 수 없다. 익명성이 완전히 보장된 상태에서 누군지도 모르는 사람들과 어둠 속에서 스킨십을 마음 놓고 했다고 해서, 그것이 인간의 본성이라 하긴 어렵다. 실험의 제목대로 그건 그냥 일탈이다. 왜냐면 인류는 단 한번도 그런 환경에서 살아간 적이 없으니까. 내가 이야기하고 싶은 건 우리는 그럴 만한 환경이 되면 그럴 수도 있다는 것이다.

가령 도시라는 익명의 공간이 발달한 이후, 우리는 성적으로 훨씬 자유로워졌다. 확실한 피임법이 등장해서 원치 않는 출산의 위험이 제거된 뒤로는 더 자유로워졌다. 반대의 사례도 있다. 키부츠(Kibbutz)라 불리는 이스라엘의 농업 공동체에서는 구성원 간의 연애나 결혼이 거의 없다고 한다. 집단적으로 길러지다 보니 서로를 일종의 형제자매처럼 느껴서 연애 감정이 생기지 않는 것이다. 그러니까 본성이란 것은 그때그때 다르며 상황마다 다르다. 원시 시대 남성이 많은 파트너를 원하고 여성이 뛰어난 파

Just Friend, 키부츠 사람들은 아무리 친해도 구성원 간 연애나 결혼을 잘 하지 않는다.

트너를 원한 건 그들이 그렇게 해야 유리한 환경에 살았기 때문이다.

기혼자 간의 만남을 주선하는(한국식 표현으로 불륜을 조장하는) 인터넷 사이트 '애슐리 매디슨(Ashley Madison)'의 이용자를 대상으로 한 조사를 보면, 사이트 이용자 중 현재의 가정을 깨고 싶어하는 사람은 거의 없었다. 그들은 그냥 디저트 같은 데이트와 섹스를 원할 뿐이다. 그들은 정말 아무 제약도 없는 자유로움을 원하는 것이 아니라 안정적인 울타리 내에서 그냥 여가를 즐기고 싶은 것이다. 나는 바람을 피우는 것이 일부일처제에 종속된 방식이라 생각한다. 파트너를 속이니 그 행동이 비겁하다고 할 수는 있지만, 그들은 가정을 깰 생각이 없다. 바람은 진보적인 관계를 실험하는 것과는 거리가 멀다. 여전히 대다수 사람은 일부일처제를 원하며, 안정적인 파트너를 원한다. 심지어 다른 이와 데이트를 즐기고 있더라도 말이다.

당신이 뭐라든 세상은 변하고 있다

대다수 사람은 우리가 생각하기에 시대에 뒤떨어진 방식, 1만 년 전부터 인류가 살아온 방식대로 살아가며, 문제가 많다 많다 해도 평균적으로 행복하게 산다. 현대에 나타난 새로운 삶에 대해 앞에서 이야기했지만, 여전히 그 수는 소수에 불과하며 앞으로 시대가 더 변한다 해도 다수는 과거에 살아온 대로 살아갈 것이다. 그러니 힙 병에 걸려서 일부러 새로운 방식을 따라갈 필요도 없다. 과거의 방식으로도 당신의 연애가 충분히 만족스럽다면 과거의 방식을 따르면 그만이다.

그럼에도 이 책에서는 새로운 방식을 이야기한다. 전통대로 살지 않는 이들도 있기 때문이다. 앞서 말했듯이 한국의 1인 가구 비율이 30퍼센트를 넘어섰다. 이제는 가장 자연스러운 삶의 형태가 1인 가구인 셈이다. 1인 가구가 꼭 새로운 방식의 삶을 살아가는 이들이라 할 수는 없지만, 상당수 그런 이들이 포함되어 있을 것이다. 누군가는 여럿이 살지만 신고를 1인 이상 못하는 것일 수도 있다. 그것이 선택이든 전통 방식으로 살 능력이 없어서든 간에 새로운 방식으로 살아가는 이들이 있고, 이들은 인류의 새로운 연애에 대해 고민하며 우리와 함께 살아간다.

기술은 이제 우리가 고전적인 연애를 탈피하고도 충분히 생존할 수 있게 해 주었다. 연애에 대한 새로운 패러다임이 나타나고 있으며, 이는 사회의 풍경을 바꾸고 있다. 사람들은 A 아니면 B라는 식으로 결론을 내리려는 경향이 있지만, 세상 대부분 일은 무엇이 옳고 그른지 평가할 수 없다. 단지 변해 갈 뿐이다. 물론 가치 평가를 하는 것도 당신의 자유겠지만, 당신이 어떻게 평가하든 세상은 변하고 있다. 그리고 거기에는 수많은 프런티어가 있다. 물론 그들은 자신의 삶을 살아갈 뿐이지만.

지금까지의 얘기를 정리하면 이렇다.

> 대부분 사람은 과거의 방식으로 행복하게 잘 산다.
> → 하지만 그 방식에 불만족스러워하거나 부적응하는 이들이 있다.
> → 그래서 그들은 새로운 방식을 개척하고 있다.
> → 그러니 그 모든 과정을 관찰해 보자.

왜? 평균적으로 행복하지 않다고 해서 삶이 사라지는 것은 아니니까. 소수자가 행복해져야 좋은 사회니까.

믿을지 모르겠지만, 나는 이 책을 최대한 보수적으로 썼다. 가부장 중심의 일부일처제가 인간의 본능이라는 주장에도 끄덕여 줬고, 현재 사회가 이렇게 구성된 데에는 분명 그럴 만한 이유가 있으리라고 수차례 강조했다. (그리고 나라 걱정도 엄청 했다.) 평소 나의 정치적 입장을 아는 사람이라면, 내가 이토록 반대 측 논거를 끌고 들어오는 것에 의아해할지도 모르겠다.

성소수자들은 종종 자연을 거스른다는 비난을 받는다. 그리고 진화심리학에 따르면 일정 부분 그럴지도 모른다. 진보 진영에서는 이에 대항하기 위해 자연 속의 퀴어를 찾아내 방어한다. 하지만 나는 그럴 필요가 없다고 생각한다. 우리가 하는 행동이 인위적이라 한들 뭐가 문제란 말인가. 인정해 버리자. 우리는 자연스럽지 않다. 부자연스러운 것을 자연스럽게 못 박은 것이 문명이다. 그러므로 지금 본성이라 못 박은 것들 위에서 새로운 관계를 다시 만들면 되는 일이다.

폴리아모리를 추구하는 사람도 그 속에서 얼마든지 독점욕에 불타오를 수 있다. 일대일 관계가 옳다고 생각해도 얼마든지 제3자의 유혹에 넘어갈 수 있다. 인간은 불완전해서 달라질 기회도 갖는 것이다. 자유로운 사상과 본능 혹은 자유로운 본능과 억압하려는 윤리, 그것들 사이에서 발생하는 충돌을 받아들이고 고뇌하고 그 속에서 사랑하는 것이야말로 진정 인간다운 것 아닐까.

나는 기꺼이 모든 관계를 응원한다. 결혼하고 아이 낳고 살아가는 사람들도, 2+n명이라는 새로운 관계를 구축하는 사람들도, 홀로 세상과 맞짱 뜨는 사람도, 모두 응원한다. 그리고 모든 것에 쉽게 질려 하는 나는 가능하다면 그 모든 방식으로 살아 보고 싶다. 물론 선택한다고 되는 건 아니겠지만.

가장 공적인 연애사

미래를 내다볼 수 있는
몇 가지 징후

미래의 사랑이란 없다. 사랑은 언제나 현재형이다.

지금 보여 주지 않으면 사랑하지 않는 것이다.

－톨스토이《인생론》에서

마지막으로 연애의 미래를 엿볼 수 있는 몇 가지 징후, 정확히는 앞에서 이야기해야 했지만 하지 못한 것들을 정리하고 마무리할까 한다.

여성의 성적 표현

과거에도 그랬지만 지금도 여전히 남성보다 여성이 현실과 이상, 사회 규범 속에서 자신의 정체성을 찾는 데 더 많은 어려움을 겪는다. 남성들은 쉽게 자신을 주인공의 위치에 올려놓으며, 여성에 대한 이중적인 잣대도 아무 거리낌 없이 들이댄다. 그리고 이 이중 잣대는 사회적으로 당연하게 받아들여져 왔다. 여성은 남성이 강요하는 이 이중성을 이해할 수 없으면서도 받아들여야 했고, 겉으로는 한없이 섹시해지면서도 금욕의 생활을 버텨야 했다. 여성이 자신의 욕망을 펼쳤다가는 금세 수렁으로 빠져들었다. 안타깝게도 여성의 육체는 여성을 아주 쉽게 지옥으로 끌어당겼다.

그렇다 보니 이제까지의 성적 욕망은 대부분 남성들의 것이었다. 그것은 성의 자유가 확장된 현대에도 마찬가지다. 성이 자유로워지고 금기도 많이 깨졌지만, 금기란 대부분 남성 욕망의 실현에 불과했다. 심지어 여성의 성적 만족이나 분출 또한 남성의 환상에 근거한 경우가 많다. 많은 섹슈얼리티가 남성 욕망을 중심으로 이루어지는데, 그 욕망이란 대부분 직접적인 신체 행위와 관련이 있다. 많은 여성이 자신의 욕망을 찾기 위해 여러 방안을 모색하고 있지만, 오랜 시간 만들어져 온 남성의 체계적인 욕망의 발현에 아직은 묻혀 있는 상태다.

결국 앞으로의 성 담론에서 중요한 부분은 여성들이 어떻게 자신의 욕망을 실현할 것인가 하는 점이다. 앞에서 나는 성에 대한 억압이 오히려 다양한 형태의 페티시로 나타났다고 했다. 여성들의 성은 문명 탄생 이후 끊임없이 억압을 당했고, 이는 앞으로 더 다양한 형태의 성적 페티시가 나타날 가능성이 있음을 암시한다. 나는 현재의 K-pop 팬덤 문화도 일종의 페티시의 형태,

혹은 억압의 또 다른 형태가 아닐까 하는 생각을 한다. 오해할까 봐 덧붙이자면 나는 페티시를 부정적으로 생각하지 않는다.

Love me 'Tinder', Love me True

왼쪽, 왼쪽, 오른쪽, 왼쪽, 오른쪽······.

2019년 현재 스마트폰에서 가장 많이 결제한 애플리케이션(이하 '앱')은 무엇일까? 남녀노소 다 본다는 유튜브(5위)? 지상파 방송을 대체한 넷플릭스(2위)? 대륙의 힘 텐센트(3위)? 모두 아니다. 정답은 데이팅 앱 틴더(Tinder)다. 틴더는 지난 10년간 (게임을 제외하고) 두 번째로 많은 매출을 올린 앱이다.

틴더를 모르는 이를 위해 설명을 하면, 대충 이렇다. 앱을 깔고 회원 가입을 한 다음 자신의 사진 몇 장과 400자 이내의 자기소개를 올린다(물론 소개 글을 진지하게 읽지는 않으니 400자를 다 채우는 사람은 드물다). 그러면 앱은 자신의 거주지 근처에 사는 다른 가입자의 프로필을 보여 준다. 이성애자라면 이성이 보이고, 동성애자라면 동성이, 가리지 않는 타입이라면 구분 없이 보인다. 사진을 보고 괜찮아 보이면 오른쪽으로(Like), 별로면 왼쪽으로(Nope) 보낸다. 위로 보내면 'Super Like'가 되는데 대부분 실수로 보낸다(어떤 정신 나간 사람이 사진 몇 장만 보고 누군가를 슈퍼 라이크 하겠는가). 만약 내가 'Like'한 사람이 나의 프로필에 'Like'를 하면 매치가 되면서 채팅을 할 수 있다. 당연히 대화를 나누다 좋으면 실제로 만날 수도 있다.

데이팅 앱 시장은 꾸준히 그리고 폭발적으로 성장하고 있다. 틴더의 성공 이후 데이팅 앱은 수십 개로 늘어났고 모두 인기 순위 상위권에 랭크돼 있다. 자만추('자유로운 만남을 추구하다'의 줄임말)를 잘 못하는 한국에서도 마찬가지다. 2020년 12월 기준 한국 구글 앱 스토어 매출 순위 상위 25개 중 11개가 데이팅 앱이다.

사람들은 데이팅 앱을 통해 이전 어느 세대보다 자유롭게 연애 상대를 만난다. 당신은 데이팅 앱을 통한 만남은 너무 가볍다고 생각할지 모르겠지만, 이런 생각은 단순한 편견일 수 있다. 스위스 제네바 대학교 사회학과 교수 지나 포토르카(Gina Potorca)가 지난 10년간 연애 경험이 있는 성인 3235명을 분석한 결과, 데이팅 앱으로 만난 커플의 관계 만족도는 오프라인 커플과 비슷했고, 함께하려는 욕구는 오히려 더 강했다.

물론 이 연구 결과만 놓고 데이팅 앱의 만남이 더 진지하다고 결론 내릴 수는 없다. 하지만 왜 이런 결과가 나왔는지는 생각해 볼 수 있다. 데이팅 앱 사용자는 앱을 깔고 참여하는 적극성을 보인다. 이는 데이팅 앱을 사용하지 않는 이에 비해 상대적으로 관계에 대한 욕구가 높고, 그 욕구로 인해 진지한 관계를 추구할 가능성이 높다는 얘기다. 연구 결과를 뜯어보면 (특히 여성의 경우) 결혼을 하거나 자녀를 갖고자 하는 열망이 앱을 사용하는 이들이 사용하지 않는 이들보다 더 높게 나오는데, 이것이 관계의 만족

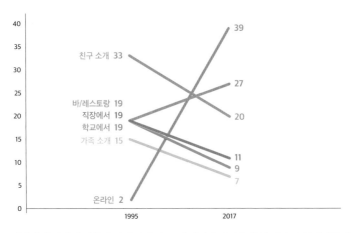

미국에서 이성애 커플이 만난 방법. 2017년 이미 온라인을 통한 만남이 40퍼센트에 육박했다. 현재는 과반이 넘을 것으로 추정된다. 5421명의 성인을 대상으로 조사했고, 기타 케이스로 교회에서 또는 이웃 소개로 만나는 경우도 있다.

출처: How Couples Meet and Stay Together surveys by Stanford University(단위 %)

도 등에 영향을 미쳤을 것으로 보인다. 그리고 이 모든 것을 떠나서, 좀 가볍게 만나면 또 어떤가.

데이팅 앱은 삶의 방식을 바꿔 놓았다. 미국의 경우 절반이 넘는 이성애자들이 데이팅 앱을 통해 연애 대상을 만나고, 결혼한 커플의 30퍼센트 이상이 데이팅 앱에서 첫 만남을 가졌다고 한다. 일상에서 자만추가 힘든 비이성애자의 경우 이 비율은 더 높다. 이슬람과 힌두교 문화권처럼 연애에 보수적인 곳에서도 데이팅 앱의 영향력이 크다. 공공장소에서 애정 표현이 금지되고, 부모가 결혼 상대를 정해 주다 보니, 데이팅 앱을 통해 새로운 만남을 추구하는 것이다. 사회가 보수적일수록 그 반작용으로 익명성과 자유로움에 대한 열망이 더 크고 그런 열망이 데이팅 앱에서 폭발한다.

틴더는 만나는 사람의 범위도 확대했다. 《먹고 기도하고 사랑하라》로 유명한 작가 엘리자베스 길버트는 《결혼해도 괜찮아》에서 "물고기와 새도 사랑에 빠질 수 있습니다. 하지만 대체 어디서 함께 살아갈 수 있겠어요?"라고 말한다. 훌륭한 지적이다. 대체 어디서 살겠는가. 하지만 그전에 대부분의 물고기와 새는 만날 수조차 없다. 소셜미디어가 아무리 발전해도 대부분 사람은 학교 친구나 직장 동료 혹은 지인의 지인 정도만을 만난다. 커플을 조사해 보면 학벌이나 경제 형편이 대부분 비슷하다. 비슷한 환경에 있다 보니 공통점이 많고 잘 맞아서 커플이 된다고 생각하겠지만, 정확히 말하자면 사람들은 다른 환경의 사람을 만날 일 자체가 적다. 비록 틴더를 비롯한 데이팅 앱이 외모가 너무 강조되는 시스템이긴 하지만, 어쨌든 다른 환경의 사람을 만날 기회를 준다. 물고기와 새가 어디서 살 것인가 하는 문제는 케이스가 늘면 해법이 생기게 마련이다.

또한 순전히 외모와 한두 마디의 말로 상대를 평가하는 것도 이전에는 드문 일이었다. 과거에도 외모를 본 거 같지만, 그 외모는 그 사람에 대한 정보와 배경이 합쳐져서 만들어진 이미지 위에 있었다. 그런 의미에서 데이팅 앱이야말로 진정한 사랑을 찾을 방법이라고 볼 수도 있다. 물론 여기서 진정한 사랑이라는 게 어떤 의미인지는 모두 다 다르겠지만 말이다.

가장 공적인 연애사

물론 대다수 사람에게 틴더는 그냥 오락 같은 것이다. 상대방의 이미지를 소비한다는 측면에서 보면 포르노 같기도 하다. 하지만 사회가 아무리 사람들을 원자화해도 사람들은 만남을 원한다. 우리는 과거보다 더 외롭다. 코로나19 이후, 틴더를 포함한 데이팅 앱 가입자가 크게 늘었다. 틴더의 발표에 따르면 2020년 3월 29일, 단 하루 동안에 약 30억 번의 스와이프(상대를 평가하는 행위)가 일어났다고 한다. 물론 모든 판단은 3초 만에 다 끝나겠지만.

이미 출발한 미래

틴더가 가져온 변화는 앞으로 이야기할 새로운 앱들에 비하면 아주 소박한 것일지 모른다.

로블록스는 2006년 발매된 게임으로, 현재 미국 10대의 55퍼센트가 즐기고 있다. 로블록스를 얼핏 본 이들은 '저 조잡한 그래픽 게임이 인기가 많다고?' 하며 놀랄지 모르겠다. 하지만 이건 단순한 게임이 아니다. 쉽게 설명하면 게임계의 유튜브다. 이용자가 직접 게임을 만들고 그 게임을 다른 플레이어들이 즐긴다. 당연히 유튜브처럼 게임을 만드는 이들에게 수익이 배분된다. 2020년 말 기준으로 로블록스에는 800만 명의 자발적인 개발자들과 이들이 만든 5000만 개 이상의 게임이 있다.

하지만 게임은 매개체일 뿐, 로블록스의 전체는 아니다. 사람

우리의 미래를 바꿔 버릴 조잡함(?)

들은 로블록스 안에서 게임이 아닌 생활을 한다. 로블록스 사용자 3000여 명에게 '로블록스에서 무엇을 주로 하느냐?'고 물으니 62퍼센트가 대화라고 답했다. 미국 10대들은 2020년 기준 로블록스에서 하루 평균 156분을 보내는데, 이는 유튜브(54분)와 인스타(35분)에 비해 압도적으로 많다.

로블록스처럼 현실 세계와 같은 활동이 이뤄지는 3차원 가상 세계를 메타버스라고 한다. 로블록스 외에도 수많은 메타버스 서비스가 있고, 사람들이 몰리고 있다. 사람이 모이니 당연히 상업 활동도 이뤄진다. 루이비통, 구찌, 발렌티노, 나이키는 아바타가 사용하거나 입을 수 있는 아이템을 발매했다. 힙합 뮤지션 릴 나스 엑스가 로블록스에서 이틀 동안 연 콘서트에는 3300만 명이 몰렸다. 물론 온라인상이니 인산인해라는 표현은 어울리지 않지만 아바타들이 모여서 릴 나스 엑스 아바타의 공연을 봤다. 제페토(네이버가 만든 메타버스)에서 열린 블랙핑크 팬 사인회에는 4000만

가장 공적인 연애사

명 이상이 참여했다.

새로운 세대에게 메타버스는 또 다른 삶의 공간이다. 그 이전 세대도 온라인 생활은 하지만, 기본적으로는 오프라인에 발을 딛고 있다. 아무리 온라인에서 오랜 시간을 보낸다고 해도 본질은 변하지 않는다. 하지만 새로운 세대는 어린 시절부터 메타버스 속에서 관계를 가진다. 온라인 공간이 메인이다. 이들은 곧 20대가 되고 30대가 돼서 사회의 주축이 될 것이다. 그때까지 로블록스를 할지 새로운 무언가를 할지는 모르겠지만, 향후 사회에서 메타버스가 차지하는 비중이 커질 것은 분명하다.

그럼 메타버스 속에서 연애 방식은 어떻게 바뀔까?

잘 모르겠다. 메타버스가 더 넓은 세계로 안내할지, 반대로 내 기호에 맞는 사람들만 만나는 폐쇄 사회로 몰아갈지 명확하지 않다. 두 가지 상상 모두 가능하다. 현대의 특징은 세계는 점점 더 넓어지는데, 개인은 점점 더 고립된다는 것이다. 사람들은 자신의 관심 분야 외에는 관심이 없고, 그래서 오히려 타인에 대한 이해도가 떨어진다. 메타버스에서 수많은 세계가 만들어져도 자신의 취향에 맞는 세계 속에서만 살아간다면 현실과 별반 다르지 않은 공간이 될 수도 있다. 오히려 세계가 나뉘기에 완전한 고립을 가져올 수 있다.

하지만 모든 일이 그렇듯 긍정적인 측면도 있다. 일단 기존 만남에서 중요한 외모, 나이, 인종, 출신 지역, 직업 등의 외적인 요소가 메타버스에서는 우선순위가 아닐 것이다. 이제까지 우리의 만남은 이런 외적 요소를 깔고 시작했다. 보지 않으려고 해도 보이고, 봤기 때문에 선입견을 가질 수밖에 없다. 하지만 메타버스 속에서는 이런 정보를 알 수가 없다. 물론 관계가 깊어지면 알게 되겠지만, 그때는 이미 호감도가 정해진 이후일 것이다. 아바타는 기존 외적 요소와 완전히 분리된다. 특정 코드만 통한다면, 그 사람이 누구든 관계를 맺을 수 있다. 게임을 하는데 파티원이 사냥만 잘하면 됐지, 현실에서 어떤 사람인지 뭐가 중요하겠는가. 외모가 배제된 상태에서 시작하는 인간관계는 이제까지 인류가 쌓아 올린 욕망과 연애의 메커니즘을 근본적으로 바꿀 수 있다. 물론 또 다른 편견과 자격이 생기겠지만.

맘마미아! 젊을수록 개방적이다?

소피는 약혼자와의 결혼을 앞두고 있다. 그녀는 엄마와 단둘이 살고 있는데, 엄마의 일기장에서 자신의 아버지일 수도 있는 세 남자의 이야기를 읽게 된다. 그리고 자신의 아버지를 찾기 위해 세 남자를 초대한다.

아바의 음악으로 만든 주크박스 뮤지컬 〈맘마미아〉는 이렇게 시작한다. 이 뮤지컬에서 음악을 빼면 가장 좋은 건 이 스토리 라

가장 공적인 연애사

인이 아닐까 싶다.

엄마는 젊은 시절 여행지에서 만난 세 명의 남자와 '하룻밤×3'을 보내고 임신한다. 그리고 그 세 남자 모두 쌩까고 혼자 아이를 키운다. 반면 성인이 된 딸은 뉴욕에 있는 남자친구 한 명과 별것 아닌 일로 마음을 졸이며 아웅다웅 만남을 이어 가고 있다. 엄마였다면 그런 남자친구 진즉에 무시하고 새로운 남자를 찾아 파티에 나갔을 것이다. 과거 하룻밤 연인과 딸일지도 모를 소녀를 만나러 온 세 명의 중년 남성들은 어떤가? 귀여운 질투가 있지만, 놀랍게도 서로 잘 지낸다. 그들의 태도는 젊은 세대보다 훨씬 쿨하다.

사람들은 습관적으로 젊은 세대가 성에 대해 더 개방적이고, 연애도 많이 한다고 여긴다. 반대로 어른 세대는 보수적이며 젊은 시절에 제대로 연애도 못해 봤을 것이라 여긴다. 그런데 이 뮤지컬의 설정은 정반대이고, 그 지점이 사람들로 하여금 "맘마미아(어머나)"를 외치게 만든다. 사람들은 이 뮤지컬의 설정을 일종의 유머 코드로 이해한다. 하지만 이건 유머도 비유도 아니다. 정말 지독하게 현실을 반영한 것이다.

서구 기준, 68혁명과 히피 문화의 영향권 아래에 있었던 현재의 장년층은 성에 상당히 개방적이고 정치적으로도 진보적인 경우가 많다. 반면 그들의 자녀 세대는 부모 세대보다 보수적이다. 실제로 연애 경험도 적다. 한국은 서구권과 다른 환경에 있어서 직접 비교는 어렵지만, 1990년대에 태어나 성장한 지금의 20대는 1980년대 태어난 지금의 30대가 20대인 시절보다 연애를 적게 한다. 이상하지 않은가? 앱으로 불특정 상대를 만나 연애를 하고, 캐주얼 섹스도 잘못된 것이 아니라고 생각하는 세대가, 오히려 윗세대들에 비해 보수적인 연애관을 가지고 더 적은 연애를 한다는 것이.

이런 현상을 어떻게 이해해야 할까? 지난 수십 년간 개방된 연애에 대한 잠깐의 반작용일까? 멀리서 보면 점점 자유로워지는 추세라 하더라도 모든 그래프는 순간순간은 물결치기 마련이고, 지금은 잠깐의 하강 곡선일 뿐일까? 그럴 수도 있다.

하지만 이런 현상을 소셜미디어의 확산과 연관해서 생각해볼 수도 있다. 자유연애란 도시가 발전하면서 생겨난 개념이다. 도시의 익명성 속에서 가족이 아닌 개인을 발견하면서 시작됐다. 그리고 익명성이 점차 확대되어 그에 맞게 연애를 비롯한 사적인 자유도 확산되었다. 하지만 소셜미디어가 이 익명성을 앗아가고 있다. 삶이 전시되고 흑역사는 박제된다. 결국 이는 사람들을 소극적으로 행동하게 만든다. 이제 젊은 층은 웬만해선 연애의 위험을 감수하지 않는다. 다들 스와이프를 하고 관련 콘텐츠를 소비하지만, 막상 실제 연애를 하지는 않는다.

277쪽의 그래프를 다시 보자. 일종의 헌팅에 해당하는 '바 혹은 레스토랑에서의 만남', '직장에서의 만남' 등의 비율은 더 떨어졌다. 이는 성적 접근에 대한 소극성을 나타낸다. 그들은 데이팅 앱이라는, 그렇게 하기로 정해진 곳에서만 편하게 욕망을 분

출한다. 인류의 삶이 조직에서 개인, 그리고 다시 조직으로 흘러
간다. 조직에서는 모험을 하지 않는 것이 좋다.

경제 문제도 있다. 세계 경제는 꾸준히 나빠지고 있다. 전체
파이는 커지지만 여유는 사라졌다. 미래에는 좋아질 것이라 말
한다면, 그건 긍정적인 것도 아니고 그냥 현실을 모르는 것이다.
'경제가 호황이면 치마 길이가 짧아진다'는 연구가 있다. 물론 이
와 정확히 반대되는 통계도 있으니, 이 말을 그대로 받아들이긴
어렵지만 일단 그렇다고 치자. 하지만 그 누구도 '경기가 좋아졌
네. 짧은 치마를 입어야지'라고 생각하고 짧은 치마를 입지는 않
는다. 호황은 사람들에게 여유를 주고, 그 여유가 연애와 삶에 조
금 더 적극적으로 임할 자세를 만들고, 그 기분으로 짧은 치마도
입게 되는 것이다.

폭탄이 된 젠더 갈등

우리 사회의 갈등 요인에 무엇이 있을까?

고질적인 문제로 지역 갈등이 있고, 민주화 세대의 등장 이후
에는 정치 문제가 추가됐다. 신자유주의 체제가 도입된 이후로는
빈부 격차가 가장 큰 문제로 대두되었다. 그리고 2010년대 이후
에는 젠더 갈등이 심상치 않다. 이렇게 써 놓으니 하나의 갈등이
마무리되고 새로운 것이 등장한 것 같지만 전혀 그렇지 않다. 모
든 갈등은 동시에 존재하며, 각각의 이해관계가 뒤섞여 점점 복

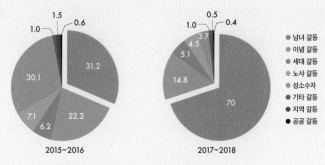

주요 갈등 담론 비중 변화
(2015년 상반기~2016년 상반기, 2017년 하반기~2018년 하반기 기준 비교, 단위 %)

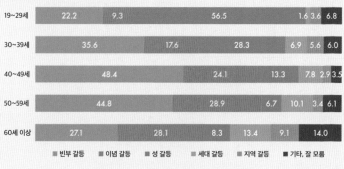

한국 사회 가장 심각한 사회 갈등 요인(단위 %)

페미니즘 운동을 지지합니까(단위 %)

출처: 〈주요 갈등 담론 비중 변화〉는 인터넷과 SNS를 빅데이터 분석한 것이고, 이후의 조사 결과는 국민일보가 비영리 조사 네트워크 '공공의창'과 함께 여론조사업체 리얼미터에 의뢰해 산출해 낸 것이다. 리얼미터는 2018년 12월 2~3일 전국 만 19세 이상 성인 남녀 1만 2644명에게 유무선 전화 자동응답시스템(ARS)으로 전화를 걸어 1018명의 응답을 받았다.

잡해지고 있다.

사회 갈등 요인은 당연히 연애에도 영향을 끼친다. 지역 갈등은 지역 간의 만남을 가로막고 정치 갈등은 정치색이 다른 상대를 색안경을 쓰고 보게 만든다. 하지만 대다수가 이성애자인 사회에서 젠더 갈등만큼 연애의 장벽이 되는 것이 없다.

286쪽의 그래프는 인터넷과 SNS를 빅데이터 분석한 것이다. 갈등 담론 중 젠더 이슈가 가장 많이 늘어난 것을 확인할 수 있다. 2년 사이에 2배 이상 늘었다. 더 눈여겨볼 점은 세대별 격차다. 젊은 세대일수록 젠더 문제에 격하게 반응한다. 사회 갈등 요인을 묻는 질문에 젠더 갈등이 가장 심각하다고 응답한 비율은 40대 이상에서는 미미하지만 30대 이하부터는 곱절로 늘어난다. 10대가 조사 대상에 포함되었다면 20대보다 훨씬 높은 수치를 기록했을 것이다.

어떤 분들은 이런 현상을 앞에서 다룬 인셀 문제와 같은 선상에 놓기도 하는데 한국의 젠더 갈등에는 약간의 특수성이 있다. 한국은 다른 서구 국가들에 비해 인셀이 저지르는 범죄 같은 극단적인 일은 많이 일어나지 않는다. 하지만 페미니즘에 대한 백래시만큼은 세상 어느 나라보다 심각하다. 지난 10년간 미투 운동 등 전 세계적으로 페미니즘이 대두되고 그에 따라 여성 관련 정책이 많이 시행되다 보니 이에 반감을 품는 이들도 있을 수 있다. 그런데 그 반감이 한국처럼 남성 전체에 광범위하게 퍼져 있는 나라는 드물다. 그래프를 보면 알 수 있듯이 2, 30대 남성 절반 이상이 페미니즘에 적대적이다. 이건 꽤 이상한 일이다.

지금 페미니즘은 사실상 민주주의와 같은 말이다. 사회의 디폴트값이다. 그러니 설령, 속으로는 부정적으로 생각하더라도 그 생각을 입 밖으로 꺼내기는 쉽지 않다. 그런데 한국에서는 그 쉽지 않은 일이 너무도 쉽게 일어난다. 2, 30대 남성 인구의 절반 이상이 그렇게 생각하니 이를 인셀 같은 일탈적 현상으로 단순 취급하기도 어렵다.

그렇다면 여기에는 어떤 특별한 이유가 있을 것이다. 그 이유에 대해서 말하면 양측에서 모두 매장당할 수 있기 때문에 하지 않겠지만, 중요한 것은 이런 현상이 연애를 상당히 제약한다는 것이다. 남성이고 여성이고 상대 성의 절반 이상을 상종이 불가능한 존재로 여긴다. '한남 아웃', '꼴페미 아웃'이라는 표현이 일상적으로 쓰인다. 그러니 어떤 이성을 만나도 일단 부정적인 상태에서 대화가 시작된다. 이런 상태가 지속되면 유전자의 명령을 넘어서서 연애 자체에 관심이 없는 상태가 되거나 혹은 연애는 하고 싶지만 할 만한 상대가 없는 상태가 된다. 향후 우리 사회가 이 문제를 어떻게 해결하고 넘어가느냐(혹은 넘어가지 못하느냐)에 따라 연애에 대한 인식과 패턴이 달라질 것이다.

연애 인플레이션

인플레이션(Inflation). 물가가 지속적으로 상승하는 현상.

물가가 상승하는 것은 물건 값이 비싸진다는 뜻이지만, 반대로 보면 화폐의 가치가 떨어지는 것을 의미한다.

인플레이션은 금융뿐 아니라 모든 곳에서 일어난다. 호칭을 한번 생각해 보자. 국내의 한 언론이 대통령과 영부인을 "~씨"로 부른 것이 논란이 된 적이 있다. 권위를 인정하지 않고 아무개 취급했다는 것인데, 여러분에게 비밀을 하나 알려 드리면 '~씨'는 높임 표현이다. 하지만 이 표현이 일상적으로 쓰이다 보니 이제는 그냥 일반인에게 붙이는 표현이 되었고, 영부인에게 붙이자 비하 표현이 되어 버렸다. 생각해 보면 '여사님', '선생님' 같은 표현도 존중의 의미가 있는 표현이지만, 지금은 처음 보는 사람에게도 막 갖다 붙이는 의례적 호칭이 되었다.

흑인을 비하하는 표현인 니그로(Negro) 역시 마찬가지다. 이 단어는 검다는 뜻의 라틴어 'Niger'에서 파생되었는데, 단어 자체에 비하의 의미는 전혀 없다. 심지어 마틴 루터 킹 목사의 가장 유명한 연설 〈I have a dream〉에서도 흑인을 나타낼 때 니그로란 표현을 사용한다. 하지만 이 단어가 미국에서 무시받던 흑인을 부르는 표현이었기에 시간이 지나자 일종의 멸칭이 되었다. 결국 1960년대 흑인 민권 운동에서는 니그로 대신 블랙(Black)이라는 표현을 사용하기 시작한다. 그리고 1990년대가 되면 이조차 문제가 있다며 아프리칸 아메리칸(African-American)이라는 표현이 등장한다. 과거에는 높임말이었던 것이 이제는 기본이 된 전형적인 인플레이션이다.

지난 1년간 금욕 원인(단위 %, 괄호 안은 성관계한 비율)

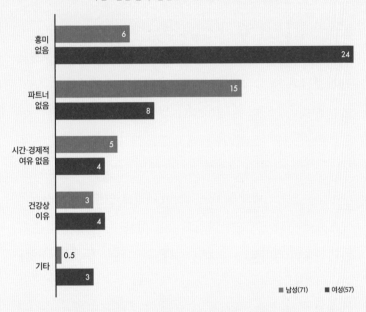

	남성(71)	여성(57)
흥미 없음	6	24
파트너 없음	15	8
시간·경제적 여유 없음	5	4
건강상 이유	3	4
기타	0.5	3

■ 남성(71)　■ 여성(57)

20대는 남자고 여자고 섹스에 '흥미 없음'의 비율이 높다. 연애를 해야 섹스를 하는 것은 아니지만, 이 수치는 젊은 세대가 연애에서 멀어지고 있음을 보여 준다. 이유가 뭘까.

성별·연령별 금욕 원인

남성

	흥미 없음	파트너 없음	시간·경제적 여유 없음	건강상 이유	기타
19~29세(58)	9	24	6	1	2
30~39세(75)	3	16	6	0	0
40~49세(75)	5	12	5	2	1
50~59세(76)	5	13	3	3	0
60~69세(71)	6	10	3	8	2

여성

	흥미 없음	파트너 없음	시간·경제적 여유 없음	건강상 이유	기타
19~29세(57)	21	13	6	2	1
30~39세(67)	18	8	4	2	1
40~49세(58)	21	11	7	1	2
50~59세(61)	28	4	0	4	3
60~69세(47)	28	7	2	10	6

출처: 염유식·최준용 연세대 교수, 〈2021년 서울 거주자의 성생활〉 보고서

연애에도 당연히 인플레이션이 적용된다. 우리는 소셜미디어나 방송을 통해 연애의 좋은 면을 끊임없이 보고 있다. 그렇다 보니 연애에 대한 기대치가 점점 높아져 이제는 웬만한 것 갖고는 감동도 못하게 되었다. 과거에는 편지 한 통으로도 감동을 주었다면, 이제는 편지에 꽃다발 얹고 상품권도 한 장 숨긴 다음에 이벤트긴 하지만 부담스럽지 않은 이벤트를 통해 전달해야 감동을 준다.

문학, 드라마, 영화에서는 사랑이 어떻게 생겨나고 끝나는지는 자세히 다루지만 사랑이 어떻게 유지되는지는 잘 다루지 않는다. 우리는 그냥 타인의 삶을 훔쳐보며 왜 나의 연애는 저렇지 않은가 시무룩해할 뿐이다. 유사 이래 우리처럼 많은 연애의 가능성을 가진 이들은 없었다. 하지만 높은 인플레이션이 우리를 스스로 연애를 하지 못하는 존재로 만든다.

2021년 서울에 거주하는 남녀 2182명을 대상으로 성생활을 연구한 결과(290~291쪽 그래프)에 따르면, 섹스리스(1년간 성관계가 전혀 없는 사람)가 36퍼센트라고 한다. 이는 21년 전인 2000년에 비해 3배나 늘어난 수치다. 무엇보다 20대의 섹스리스 비중이 높았는데, 20대는 남녀 불문하고 30~50대보다 섹스리스 비율이 높았다. 심지어 20대 남성은 60대 남성보다도 섹스리스가 많았다.

남성의 섹스리스 원인 1위는 '파트너 없음'이었고, 여성은 '흥미 없음'이었다. 이 결과를 놓고 당시 언론들은 〈할 마음이 없는

女, 할 사람이 없는 男〉같이 젠더 문제를 자극할 만한 제목을 뽑았다. 하지만 남자고 여자고 20대는 '흥미 없음'의 비율이 높았다는 걸 중요하게 봐야 한다. 특히 20대 남성은 60대 남성보다도 섹스에 흥미를 느끼지 못했다. 이게 성호르몬 분비를 생각했을 때 가능한 수치인지 모르겠다. 연애를 해야 섹스를 하는 것은 아니지만, 이 수치는 젊은 세대가 연애에서 멀어지고 있음을 보여준다.

지금의 연애 보수화 경향이 단순한 과도기적인 현상인지, 지속될 것인지는 잘 모르겠다. 제2차 세계대전 이후 오래 사귀기와 조혼 문화가 등장하며 연애가 보수적으로 바뀐 시기가 잠깐 있었다. 그때처럼 지금도 잠깐의 반작용인지 혹은 지속될 현상인지는 조금 더 두고 봐야 알 것 같다. 데이팅 앱의 등장과 자유의 확산이 향후 로맨스의 확대를 의미한다면, 젊은 세대의 연애 감소와 연애 인플레이션, 젠더 갈등은 반대의 이야기를 하고 있다. 나는 잘 모르겠으니 둘 다를 이야기하는 것이고. 부정적인 생각이 많이 들지만, 그건 뭐 내가 속이 배배 꼬인 인간이라 그런 거겠지.

에필로그

그럼에도 연애는
사라지지 않는다

"사랑의 고통은 그 어떤 즐거움보다도 달콤하다."

−존 드라이든의 시 〈Ah! How sweet it is to love〉에서

왜 우리는 연애에 골몰하는가? 이 책의 대부분은 인류의 연애를 번식 욕구와 엮어 설명했다. 대다수 사람은 널리 널리 퍼뜨리려는 DNA의 명령을 생명체의 원초적인 욕구로 보고 그 욕구에 따라 우리가 연애를 한다고 생각한다. 하지만 어쩌면 우리는 전혀 다른 이유로 연애를 하고 있을지도 모른다.

아무것도 없는 빈 방에서 15분 정도 혼자 가만히 있으라고 한다면 어떨까? 에린 웨스트게이트(Erin Westgate)와 티모시 윌슨(Timothy Wilson) 박사는 대학생을 대상으로 이 실험을 진행했다. 방에는 TV도 스마트폰도, 종이와 펜도 없다. 맨몸 운동을 하거나 잠을 자서도 안 된다. 말 그대로 그냥 가만히 있어야 한다. 다만

생각은 할 수 있다. 그걸 막을 방법은 없으니까. 물론 멍을 때려도 된다. 현대인들은 바쁘고 피곤하고 혼자 생각할 시간도 없으니 기꺼이 이 시간을 즐길 수 있을 것 같았다.

하지만 예상과 달리 실험 참가자들은 이 경험이 그리 즐겁지 않다고 응답했다. 한 시간도 아니고 고작 15분이었지만, 409명의 참가자 중 절반이 견디기 어려웠다고 고백했다. 시간을 6분으로 줄여도 마찬가지였다. 혹시 학생들이 불편했던 이유가 생소한 환경 탓일지도 모른다고 생각한 연구진은 학생들의 집에서 같은 실험을 진행했지만 결과는 달라지지 않았다.

어쩌면 대학생들이 혈기 왕성한 나이라 가만히 있지 못한 것일 수도 있다. 당신은 '요즘 애들이 그렇지, 쯧쯧' 하면서 한시도 스마트폰에서 눈을 떼지 못하는 아이에게 꿀밤을 때렸을지도 모르겠다. 연구진들도 비슷하게 생각했다. 그래서 실험 참가자의 연령대를 77세까지 확 늘렸다. 직업과 배경도 최대한 다양하게 100명을 선정해 다시 실험을 진행했다. 그러나 이 인류의 대표들도 홀로 가만히 있는 걸 지독히 싫어했다. 노인들조차 이 시간을 즐기지 않았다. 인간은 생각하는 동물이지만, 생각만 하는 것은 정말 지독히 싫어하는 동물인 것이다.

그렇다면 사람들은 가만히 있는 걸 얼마나 싫어하는 것일까. 연구진은 대학생 42명을 데리고 다른 실험을 설계했다. 연구진은 먼저 학생들에게 전기 충격(신체에 이상을 줄 정도로 강하지는 않지만 충분히 불쾌한 정도), 바퀴벌레 사진, 칼로 병을 긁는 소리 중 가장 피하고 싶은 걸 고르게 했다. 학생들은 제 몸에 직접적인 피해를 주는 전기 충격을 가장 피하고 싶다고 응답했다.

연구진은 앞에서와 같은 실험을 진행하면서, 이번에는 전기 충격을 주는 장치를 함께 넣어 주었다. 15분간 아무것도 할 수 없지만, 자신이 원한다면 전기 충격은 받을 수 있다. 전기 충격을 받는다고 해서 버티는 시간이 줄어들지는 않는다. 다만 불쾌할 뿐이고 참아야 하는 시간은 똑같다. 그런데 놀랍게도 남학생의 66퍼센트, 여학생의 25퍼센트가 스스로 전기 고문을 당했다. 이들은 무료하게 가만히 있는 것이 전기 충격을 받고 가만히 있는 것보다 더 싫었던 것이다.

나는 이 실험이 왜 인간이 끊임없이 연애에 골몰하는지를 잘 보여 준다고 생각한다. 왜냐면 연애는 결코 즐거운 것이 아니기 때문이다. 물론 연애 속에 즐거움이 있을 것이다. 다들 있다고 하니 있겠지. 하지만 불행할 때도 많고 피곤하고 불쾌한 경우도 많다(108세 스코틀랜드 할머니의 장수 비결을 다시 떠올려 보자). 역사적으로 여성을 가장 많이 죽이고 괴롭힌 이는 그 여성의 남성 파트너들이다. 물론 이것은 지긋지긋한 가부장제로 인한 것이지만, 놀라운 것은 그런 척박한 환경 속에서도 대다수 여성은 스스로를 사지에 몰아넣는 연애에 골몰했다는 것이다. 다음 연애는 그렇지 않기를 꿈꾸면서. 남성도 여성들이 자신을 벗겨 먹는다고 징징거리면서도, 계속 스스로 벗김을 당하려고 안달이 난다. 연애는 끝나고 나면 관련 없는 모든 일을 망쳐 버릴 정도로 엄청난 정신적 데미지를 입힌다. 그런데 우리는 얼마 지나지 않아 다시 새로운 연애에 골몰한다.

그러니까 연애는 고통스럽다. 사람들은 그 사실을 잊은 듯이 말하지만 잊지 않는다. 아니 잊지 못한다. 하지만 그럼에도 다시 사랑에 빠진다. 연애를 하지 않으면 삶이 너무도 무료하기 때문이다. 현대는 연애의 시대다. 사람들은 만나서 조금만 친해지면 연애 이야기를 미주알고주알 한다. 연애를 안 하는 사람도 연애 이야기는 즐거워한다. 물론 나는 과거에 살아 보지 않아서 과거에는 어땠는지 모르겠다. 하지만 과연 현대만큼 연애와 사랑이 삶에 중요했을까 하는 의문이 든다.

근대까지 인간은 개척할 수 있는 대부분의 세계를 개척했다. 이제 모든 것은 인터넷을 조금만 찾아봐도 알 수 있게 되었고, 모든 것은 무료해졌다. 물론 우주나 미시세계(양자역학이 작동하는 그 정도 미시) 같은 미지의 영역이 남아 있지만, 그곳은 전문가들의 영역이지 우리의 영역은 아니다. 결국 평범한 인간에게 남은 유일한 모험지는 다른 사람뿐이다. 그리고 다른 사람을 알아 가는 가장 대표적인 방법이 연애다. 그래서 우리는 끊임없이 상처받으면서도 끊임없이 도전한다. 다양한 성적 취향은 과거부터 있었지만 현대만큼 활발히 탐구되진 않았다. 인간은 번식 욕구 이전에 무료함을 피하기 위해 연애를 하지 않았을까? 자식은 낳으면 좋지만, 부료함은 당장 참을 수 없는 것이다. 많은 사람이 출산과 무관하게 연애를 한다. 연애를 못하면 인터넷에 가서 '누나, 나 죽어' 하면서 무언가를 보고 있다. 생식 능력을 완전히 잃은 노년에도 로맨스를 꿈꾸고 실현한다. 우리는 죽을 때까지 낭만적 사랑을 꿈꾼다. 이 모든 행동을 번식의 욕구만으로 설명하기는 어렵다.

물론 이 적극성마저 자신의 유전자를 퍼트리려는 행동의 일환이라 한다면 그럴지도 모른다. 뭐가 우선인지는 확실하지 않으니까. 하지만 이유가 무엇이든, 일단 우리는 무료한 것은 도저히 참을 수 없다. 서면 기대고 싶고, 기대면 앉고 싶고, 앉으면 눕고 싶은 것이 인간이다. 그런데 누운 인간은 무엇을 하는가? 당신은 누워서 무엇을 하는가? 온갖 것을 상상하고 무언가를 계획한다.

미래의 인류는 어떤 사랑을 하게 될까? 어쩌면 AI와 사랑에 빠질지도 모른다. 사람들은 새롭게 등장하는 무언가를 무시하는 경향이 있다. 시간이 흘러 나이를 먹고 새로운 세대가 AI와 사랑을 나누는 것을 보면 우리는 혀를 차며 말할 것이다. 그런 건 연애도 아니고 사랑도 아니야. 하지만 과거 사람들이 지금 우리의 모습을 보면 어떨까? 과거에는 연애편지 열 장은 쓰고 연애를 시작했다. 마음을 졸이며 편지에 진심을 담았다. 하지만 지금 우리는 톡 한 줄 보낸다. 과거 사람들도 이런 우리에게 그건 연애도 아니고 사랑도 아니야라고 하겠지. 그렇다고 해서 우리의 연애가 연애가 아닌 게 되진 않는다. 미래의 연애를 평가할 수 없듯이 타인의 연애도 우리는 평가할 수 없다. 다만 내가 할 수 있는 말은 지루한 인류는 어쨌든 계속 연애를 할 것이란 사실이다.

그런 의미에서 독자를 저주하며 이 책을 마무리하고 싶다.

당신 인생이 무료한 천국이라면, 차라리 지옥이 되길.

참고한 것들

책

게일 다인스, 《포르노랜드》, 열다북스, 2020

난젠&피카드, 《에로틱 세계사》, 오브제, 2019

다이앤 애커먼, 《천 개의 사랑》, 살림, 2009

데이비드 버스, 《욕망의 진화》, 사이언스북스, 2007

로베르 뮈샹블레, 《쾌락의 역사》, 지식을만드는지식, 2008

루츠 판 다이크, 《청소년을 위한 사랑과 성의 역사》, 비룡소, 2010

리처드 프럼, 《아름다움의 진화》, 동아시아, 2019

베스 베일리, 《데이트의 탄생》, 앨피, 2015

아미르 레빈·레이첼 헬러, 《그들이 그렇게 연애하는 까닭》, 랜덤하우스코리아, 2011

엘리자베스 길버트, 《결혼해도 괜찮아》, 솟을북, 2010

오기 오가스·사이 가담, 《포르노 보는 남자, 로맨스 읽는 여자》, 웅진지식하우스, 2011

장대익 외 6명, 《포르노 이슈》, 그린비, 2013

정재승·진중권, 《크로스 season 2》, 웅진지식하우스, 2012

제프리 밀러, 《연애》, 동녘사이언스, 2009

토머스 헤이거, 《텐 드럭스》, 동아시아, 2020

필리프 브르노, 《커플의 재발견》, 에코리브르, 2003

필리프 브르노, 《만화로 보는 성sex의 역사》, 다른, 2017

한스 로슬링, 《팩트풀니스》, 김영사, 2019

한중섭, 《결혼의 종말》, 파람, 2020

홍승은, 《두 명의 애인과 삽니다》, 낮은산, 2020

기사/논문/영상

남부진·류종렬·이태숙·정혜영, "근대의 성립과 연애의 발견", 한국문학논총, 2006

변기찬, "푸리에의 팔랑스테르와 여성의 성적해방", *History Journal*, 2001

엄지원, "여자가 데이트 비용 안 내 성폭력 당한다?…황당한 교육부", 한겨레, 2015.08.12.

정유정, "女43% 男29% 성관계 안 한다…한국인 '섹스리스' 21년 만에 3배로", 문화일보,

2021.07.02.

〈2020 한국의 사회지표〉, 통계청, 2021

〈Sex, explained〉, 넷플릭스, 2019

Bearman, P. S. & Bruckner, H., "Opposite-sex twins and adolescent same-sex attraction",

American Journal of Sociology, 2002

Claus Wedekind, Thomas Seebeck, Florence Bettens and Alexander J. Paepke, "MHC-

dependent mate preferences in humans", *Biological Sciences*, 1995

Erin C Westgate, Timothy D Wilson, "Boring thoughts and bored minds: The MAC model

of boredom and cognitive engagement", *American Psychological Association*, 2018

Gina Potarca, "The demography of swiping right. An overview of couples who met

through dating apps in Switzerland", *PLos one*, 2020

Kenneth J. Gergen, Mary M. Gergen, William H. Barton, "Deviance in the Dark",

Psychology Today, 1973

Pamela Engel, "CHARTS: Guys Like Women In Their Early 20s Regardless Of How Old

They Get", *Insider*, 2014.10.21

Patricia L R Brennan, "Explosive eversion and functional morphology of the duck penis

supports sexual conflict in waterfowl", *Biological Sciences*, 2009

University of Montreal, "Are the effects of pornography negligible?", *Science Daily*,

2009

남은 이야기

늘 그렇듯 이번 책에도 내 책의 유구한 전통에 따라 이스터 에그가 있다. 대체 왜 이 맨 마지막 장까지 보는지는 모르겠지만, 보는 분들이 있으니 또 하소연이나 해야지.

이 책을 계약할 때 나는 새 연애를 갓 시작한 상태였다. 당연히 너무 행복했고, 내 개인적 경험이 잔뜩 묻은 글을 쓸 계획이었다. 미신에 관한 책을 썼으니 인류 최고의 미신인 사랑에 대해 이야기하는 것은 당연한 수순이었다. 하지만 모든 연애가 그렇듯이 내 연애도 끝이 났고, 나는 나만 아는 특별한 슬픔에 빠졌다. 연애가 끝나고 나면 언제나 힘들었지만, 이번처럼 깊은 우울에 빠진 적이 없었다. 자기 연민에 빠진 나는 너무 많은 실수를 저질렀고, 주변 사람들에게 돌이킬 수 없는 상처를 줬다. 결국 바닥을 확인하고서야 나는 '베르테르' 놀이를 끝내고 현실로 돌아올 수 있었다. 책임질 수 없는 잘못과, 파탄 난 인간관계와, 마이너스가 찍힌 통장과 함께.

로맨틱한 연애 책을 쓰고 싶진 않았다. 약간 써 둔 글이 있었고 계약금도 이미 다 써 버려 어떻게든 써 보려 했지만, 글은 써지지 않고 우울한 기분만 더해 갔다. 결국 로맨스를 뺀 연애 이야기로 다시 쓰기 시작했다. 연애의 번역어가 로맨스인데 연애에서 로맨스를 빼면 남는 게 있나? 싶지만 무언가가 남았다.

글을 쓰는 데 영감을 준 우주, 승은, 지민 커플에게 감사를 전한다. 이렇게 활자화될지도 모르고 내 주변에서 연애를 하고 고민을 털어놓은 지인들에게도 감사를 전한다. 과거 인터넷 방송을 같이 진행했던 지사가 정리해 둔 내용을 일부 참고했다. 뒤늦게 대학원에 갔는데 무사히 학위를 받길 기원한다.

이 책의 관점이나 책에 쓰인 언어들이 불편한 독자분들이 있으리라 생각한다. 출판사에서는 여러 차례 걱정을 표했는데, 내가 주장을 굽히지 않은 것이니 여러분이 느낀 불편함은 다 내 탓이다. 미리 사과드린다. 살짝 변명을 하자면 나는 과거의 언어로 미래를 이야기하고 싶었다. 불편했다면 그건 내가 그걸 제대로 해내지 못했거나 시대에 뒤쳐졌다는 의미다. 책을 읽어 주셔서 고맙고, 사 주셨다면 더 고맙다. 책 서두에 밝힌 대로 책을 구매해 주신 분들에 한해서 편집된 1장을 보내 드린다. 출판 역사상 두 번째로 있는 1+1 이벤트이니(첫 번째도 내가 했다) todayohoo@gmail.com으로 많이들 인증해 주시라.

나는 어렸을 때부터 가족들과 사회적 거리두기를 유지한 탓에 관계가 데면데면한 편이다. 부모님이 사랑을 안 주셨다거나 그런 건 아니고 그냥 나와 부모님의 성향 자체가 그랬다. 그래서 사람들이 생각하는 가족의 느낌을 지금껏 만났던 연인들에게서 더 많이 받았다. 그들은 나의 연인이자 가장 친한 친구였고 가족이었다. 그래서인지 나는 아직도 그들이 가족 같다(떼어 읽기 조심). 우연히 만나면 마치 친한 친구를 만난 것처럼 군다. 나의 이런 태도를 싫어하지 않는 엑스는 지금도 친구로 남아 있고, 부담스러워하는 엑스는 연락이 닿지 않는다. 이 책을 쓰게 된 것은 다 그들 덕분이다. 이 책을 보든 안 보든, 나를 찼든 내가 찼든 간에, 내 인생에 나타나 줘서 고맙다는 말을 꼭 전하고 싶다. 진심으로 그들 모두의 인생이 행복하길 빈다.

....

......

...

..

.

물론 내가 있었으면 더 행복했을 거야. 이 망할 것들아.